어느 멋진 아침에

하창식 제7수필집 _
어느 멋진 아침에

인쇄 2025년 2월 15일
발행 2025년 2월 19일

지은이 하창식
발행인 이병우
발행처 육일문화사
주　소 부산광역시 중구 복병산길6번길 11
전　화 (051)441-5164
이메일 book61@hanmail.net
등록번호 제1989-000002호

ISBN 979-11-91268-73-7 03810
값 15,000원

* 잘못된 책은 바꿔드립니다.
* 이 책의 판권은 저자에게 있습니다.
* 저자의 사전 동의 없이 무단 전재나 복제를 금합니다.

기억하고
느끼며
살아온
그 일곱 번째 이야기들

One Fine Morning

언 머진 아침에

하창식 수필집

◎ 육일문화사

| 머리말 |

    일곱 번째 수필집이다. 지난 2년간 이리저리 써놓은 글을 모으니 제법 한 권의 수필집으로 묶을 만큼 모였다. 흔히들 '붓 가는 대로 쓰는 글'을 수필隨筆로 정의하지만, 때로는 '수시隨時로 적은(필; 筆) 글'들도 수필로 정의될 수 있다. 이 수필집에서는 '수시로 적은' 50편의 글들을 다섯 부로 나누어 편집하였다.
    1부는 신변 수필들을 엮었다. 요즈음 문학, 미술, 영화, 및 음악을 아우르는 **예술의 융합**에 관심을 기울이다 보니, 예술에 관한 글들을 많이 쓰게 되었다. 2부~5부는 그렇게 해서 써진 글들을 엮었다. 2부는 음악에 관한 글들, 3부는 영화에 얽힌 글들, 4부는 문학에 관한 글들, 그리고 5부는 **예술의 융합**에 관한 글들을 모았다.
    5부엔 필자가 수필집과는 별도로 펴낸, 『무지갯빛 성장 소설 이야기』, 『공학자, 베토벤에 빠지다』와 『공학자, 예술의 융합을 이야기하다』, 세 편의 산문집 발간에 즈음하여 수필 형식으로 소회를 밝힌 글들도 포함하고 있다.

다만, 1부에 포함된 「산에서 즐거움을 얻고 산에서 인생을 배운다」와 4부에 포함된 「신변잡기 대 신변 수필」은 수필로서는 분량이 많아 수상록隨想錄 형태의 글이나, 넓은 의미의 essay로 볼 수 있는 글들이라 함께 수록하였다. 두 글은 각각 부산문인협회에서 발간하는 월간 《문학도시》의 여름 특집 〈성하盛夏를 찾아가는 하루〉 편에 실린 글이며, 부산수필문인협회에서의 특강 원고이다.

수필집 출간이 거듭될수록 수필가로서 역량의 부족함이 더 도드라지게 드러나는 것 같아 늘 부끄러움을 느낀다. 그럼에도 늘 활자화된 글에 대한 알 수 없는 향수 때문에, 만용을 부리며 수필집을 출간하는 내 모습이 안타깝기까지 하다.

다음 수필집을 발간할 때는 독자들에게 더 나은 모습을 보여드려야지 하고 마음을 다잡아 본다.

하 창 식 씀

| 차례 |

□ 머리말

1부 · 칸나의 뜰 2

아디오스 아미고 ················· 13
일탈 ······························· 18
추억 속의 동해남부선 ············ 23
손목시계 ··························· 38
유난히 추웠을 그해 겨울 ········ 43
'내사모' 번개 모임 ··············· 48
칸나의 뜰 2 - 반성문 ············ 53
나는 자연인이다 ·················· 58
사랑 애愛 ·························· 62
산에서 즐거움을 얻고 산에서 인생을 배운다 ······ 66

2부 • 세상에서 단 하나뿐인 음반

2월 ·· 81
합창 ··· 86
세상에 둘도 없는, 멋진 여행이었다! ········· 92
두 번째 농원 음악회 ···························· 97
표절 ·· 102
가곡 가사에 대한 단상斷想 ··················· 107
글라주노프 ······································· 112
쇼스타코비치 ···································· 117
세상에서 단 하나뿐인 음반 ·················· 123
쇼스타코비치의 로망스 ······················· 128

3부 · 〈어느 멋진 아침〉에

영화음악 OST ································· 135
농원 음악회, 〈전장의 피아니스트〉,
그리고 〈크레센도〉 ························· 140
〈피아니스트의 마지막 인터뷰〉 ············ 145
〈엔니오: 더 마에스트로〉 ··················· 150
〈어느 멋진 아침〉에 ························· 155
〈타르〉와 말러 ······························· 160
〈마지막 4중주〉 ······························ 164
베토벤과 소울 메이트 ······················· 168
〈디베르티멘토〉 ······························ 173
〈티치아노: 색채의 제국〉 ··················· 178

4부 · 괴테의 희곡들 - 구원의 여성상

『강의실 너머』, 그 이후 ·················· 185
『도시와 그 불확실한 벽』 ················ 190
괴테의 희곡들과 구원의 여성상 ·········· 196
『빠빠라기』 ····························· 201
『기쁨의 노래』 ························· 205
《수필》 100호 발간에 즈음하여 ········· 210
수필 신인들을 위한 작은 조언 ··········· 214
60대 어른의 청소년 소설 읽기 ··········· 218
『무지갯빛 성장 소설 이야기』 ············ 224
신변잡기 대 신변 수필 - 신변잡기를 위한 변명 ···· 229

5부 · 공학자, 예술의 융합을 이야기하다

'아트팝'과 〈♪첫사랑♪〉 ················· 255
4월의 노래 ································ 260
〈4계〉 ······································ 264
하늘빛 미소 ······························ 270
톨스토이와 베토벤 ···················· 274
『공학자, 베토벤에 빠지다』 ········ 280
『공학자, 예술의 융합을 이야기하다』 ······ 285
아인슈타인과 보로딘 ················ 289
아를 ······································· 294
꿈 그리고 꿈... ························ 299

1부

칸나의 뜰 2

—

"시간이란 참 묘한 녀석이다. 같은 시간이라도 누구에게는 자신을 막 쫓아낼 듯 다가오며 숨 막히게 하는가 하면, 또 누군가에게는 아무리 잡아당겨도 끌려오지 않을 것처럼 느리게 움직이기도 한다."

– 「일탈」 중에서

아디오스 아미고

"아디오스 아미고!(Adios Amigo!)", 스페인어로 "친구여, 잘 가게."라는 뜻을 가진 말이다. 잠시 이별할 때보다는, 기약 없이 헤어질 때 주로 쓰인다.

몇 년간 나의 가장 소중한 친구로 동고동락하던 휴대전화기가 원인도 모른 채 갑자기 죽어버렸다. 엊저녁까지 멀쩡했는데, 충전기에 꽂아 놓고 아침에 일어나 보니 전원이 켜지지 않았다. 충전을 위해 꽂았던 콘센트에 전원이 꺼져 전원이 0%가 되어서 그런가 해서, 한 번 더 충전기 전원을 확인한 뒤 다시 전화기를 꽂아 두었다. 출근해 볼일을 보고 오후에 퇴근해서 보니 여전히 충전은 되어 있지 않고 전원 스위치 역시 작동이 되지 않았다.

다음 날 아침 출근하자마자 휴대전화기 서비스 센터를 찾아 점검하니 메모리가 망가져 수리 불능이라는 진단이 나왔다. 휴대전화기에 저장되어 있던 연락처 번호는 물론이고, 수년간 저장되어 있던 사진들과 메모로 적은 기록들도 모두 재생 불능이라는 진단이 내려졌다. 청천벽력이었다. 망연자실했다. 갑작스럽게 맞이한 휴대전화기의 죽음을 도저히 받아들일 수 없었다. 혹시나 하는 마음으로 오후엔 다른 서비스 센터를 찾았다. 역시 같은 진단이었다.

수년간의 추억이 담긴 소중한 사진들이 영원히 사라져 버리게 되었다는 사실이 도저히 믿기지 않았다. 게다가 그동안 휴대전화기에 저장되어 있던 연락처 번호들은 또 어쩐단 말인가? 눈앞이 캄캄해졌다. 전원이 들어와야 수리하든지 말든지 할 게 아닌가? 수리 기사의 말이다.; "어느 순간 휴대전화기 전원이 켜질 수도 있겠지만, 그렇게 되는 건 그야말로 기적입니다."

무인도에 홀로 떨어진 기분이 되었다. 동고동락한 뒤로 한 번도 손에서 떨어지지 않던 휴대전화기였다. 휴대전화기야 새로 구입하면 되겠지만, 사라진 사진이며 그 많던 연락처는 또 어떻게 새로 저장할 것인지 앞이 막막했다. 연이틀 무인도에서 홀로 지내며 세상과 어떻게 소통해야 할지 고민에 빠져 있는 모습 그 자체였다.

집 전화를 이용하여 일단 아이들에게, 급한 일 있으면 엄마 휴대 전화로 전화하든지 집 전화로 연락하라고 했다. 그러던 중 마침 딸이 얼마 전 기종을 바꾸면서 쓰지 않고 둔 휴대전화기가 있다는 걸 알게 되었다. 같은 기종이라 우선은 죽어 버린 전화기에 꽂혀 있던 유심칩, 곧 SIM이라고도 불리는 일종의 스마트카드/IC 카드를 빼내어 딸이 쓰던 휴대전화기에 꽂으니, 다행히도 전화 소통이 가능해졌다. 역시 젊은 사람들의 기계 문명에 대한 적응력은 대단하다는 감탄이 절로 나왔다. 사라져 버린 사진 복구는 불가능하지만, 함께 사라진 연락처 번호는 카카오톡에 저장된 이름들을 이용해 개개인들에게 전화번호를 다시 물어 저장하기로 했다.

다음 날 직장 동료 몇 사람이 점심을 함께하였다. 그중 가장 젊은 직장 동료에게 사정을 이야기하니 복원이 가능할 수도 있을 거라며, 새로 쓰는 휴대전화기 내 애플리케이션과 설정 모드를 이리저리 조정하였다. 우와! 죽어 버린 내 휴대전화기에 저장되어 있던 1,000여 개의 전화번호들이 몽땅 부활하지 않는가!!! 하도 기분이 좋아 그날 점심값을 모두 계산했다. 그만한 값어치가 충분히 있었다. 뛸 듯이 기뻤다. 사진 복구는 불가능했지만 그러면 어떤가? 원래 이런저런 사진들을 많이 찍지만 사실상 과거의 사진을 다시 들여다본 적은 그리 많지 않다. 그러니 안타깝고 아쉬웠긴 하지만 그래도 스스로 위안할 만했다. 1,000여 개의 전화번호를 복원한 것만 해도 세상을 다 얻은 기분이었다. 또 한 번 젊은 세대들의 기계 문명에 대한 놀라운 적응력에 감탄했다.

현대생활 곳곳에 사용되는 전자기기들을 잘 활용하면 그만큼 더 많은 혜택을 누리며 삶을 즐길 수 있음은 당연하다. 그럼에도 현대 문명에 쉽게 길들어지지 않는 나 같은 아날로그 세대 사람은, 그 흐름에 발맞추지 못하다 보니 평소에도 답답함을 느낄 때가 적지 않다. 그러니 이번과 같이 큰 낭패를 보아도 할 말이 없다.

이번 휴대전화기, 곧 나와 가장 친했던 친구와 이별한 경험은 많은 교훈을 내게 가져다주었다. 휴대전화는 주지하다시피 1983년 처음 상용화되었다. 하지만 엄청난 통신 기술의 발달로 지금은 5G 휴대전화 기술을 누리게 되었다. 처음 시작된 1세대 휴대전화기를 사용할 때나 요즈음 5G 시대 휴대전화기를 사용할 때나 별반 다를 바 없는 나의 휴대전화 활용도를 생각하면, 내가 얼마나 무능한 기계치인가를 다시금 깨닫게 된다. 이제부터라도 시대에 뒤처지지 않는 사람이 되자고 다시 한번 다짐하는 계기가 되었다.

그러면서 평소 생활하면서 유비무환有備無患이 얼마나 중

요한 진리인가를 다시금 깨닫게 되었다. 평소에 자주 휴대 전화기에 저장된 사진이나 전화 연락처 등을 미리미리 백업해 둔다면, 그런 사고를 미연에 방지할 수 있을 뿐만 아니라 갑작스럽게 이별해도 그렇게 큰 아픔(?)을 겪지는 않았을 것이기 때문이다.

  이번에 수년간 내 손에서 떠나지 않던 내 소중한 친구에게 갑작스럽게 "아디오스 아미고!" 인사를 건네게 된 것을 계기로, 새로 사귀게 된 새 친구를 위하여 마음을 다잡으며 다짐해 본다. 다시는 나도 모르게 이번 경우와 같이, 그를 향해 "아디오스 아미고!"를 외치는 일은 없도록 하겠다고….

일탈

　1박 2일의 여정으로 제주도를 다녀왔다. 평생 열 번도 넘게 다녀온 곳이었지만, 이번 여정은 좀 특별한 느낌이었다. 항상 시간에 쫓기다시피 살아온 까닭이다. 공식 볼일이 끝나면 여행을 끝냄과 동시에 즉각 일터로 복귀하는 일이 다반사였다. 국내 여행은 물론이고 해외여행도 마찬가지였다. 비행기로 열 시간도 넘게 날아서 간 미국 출장마저 무박 3일(비행기에서 1박)의 여정으로 다녀온 적이 있을 정도이니, 제주도 출장이라고 예외는 아니었다.
　그렇게 급하게 출장을 다녀와야 할 만큼 시급한 일이 있는 것도 아니었는데도, 뭣이 그리 급해 그렇게 살아왔는지 스스로 생각해도 고개가 갸우뚱해진다. 그러니 이번 여정

만큼은 좀 달랐다는 느낌이 많이 든다. '정년 퇴임'이란 인생 열차의 환승역 덕분에, 지금까지 타고 온 열차와는 다른 열차를 갈아탄 것이 한몫했음은 물론일 것이다.

조금은 여유를 가지고 나 자신을 되돌아볼 수 있는 시간을 가질 수 있어 좋았다. 이런 걸 두고 어느 면에서는 일탈이라 부를 수 있을 것이다. 일탈, 곧 일상으로부터의 탈출이 얼마나 고맙고 설레는 경험인가를 만끽한 여행이었다. 회의 장소 겸 숙소였던 호텔 위치가 제주도 올레길 17코스 또는 18코스와 멀지 않은 곳에 있었다.

공항 도착 후, 제주시 지리에 익숙하지 않던 터라 공항발 노선버스를 타고 관덕정이란 곳에서 하차했다. 그곳에선 도보로 이동하여 호텔까지 이동하였다. 하지만 다음 날엔 호텔부터 공항까지 도보로 이동하기로 했다. 18코스를 걷다가 제주시 원도심 일부를 거친 뒤, 17코스를 따라 해안도로 중간 지점에서 공항까지 도보로 이동하면, 시간 맞춰 공항에 도착할 수 있기 때문이었다. 처음 인터넷으로 검색할 때엔 감이 잡히지 않았던 여정이었지만, 친하게 지내던 동료가 함께한다기에 그를 믿고 따라나섰다.

호텔 체크아웃 뒤 10시쯤 호텔을 출발하여 12시 공항에 도착할 때까지, 약 6km 구간을 2시간 정도 걸었다. 14,000걸음이었다. 제주도의 한 올레길을 걸었다는 데 의미가 있는 게 아니다. 물론 도심지와 바다 풍경이 어우러진 길의 아름다움이 나의 도보길 의미를 더한 것도 사실이다. 그것보다는 아무리 급한 일이 있어도, 당장 달려갈 수 없는 장소에서 내가 도보 여행을 즐기고 있다는 사실 자체가 매우 의미 있는 경험이었다.

시간이란 참 묘한 녀석이다. 같은 시간이라도 누구에게는 자신을 막 쫓아낼 듯 다가오며 숨 막히게 하는가 하면, 또 누군가에게는 아무리 잡아당겨도 끌려오지 않을 것처럼 느리게 움직이기도 한다. 같은 사람에게도 마찬가지가 아닌가? 자신이 처한 환경에 따라 쫓기듯 달려가는가 하면, 굼벵이처럼 느리게 가기도 한다.

부산행 항공기 탑승 시간이 오후 1시로 잡혀 있는 데다 모처럼 정말 일탈을 위해 이번 출장을 감행(?)하였으니, 이번만큼은 시간을 느리게 보내고 싶었다. 그러니 한 걸음 한 걸음이 매우 의미 있게 다가왔다. 14,000 걸음걸음 자체가 큰 의미가 되어 주었다.

늘 쫓기듯 살아온 지난 시간을 회상하면서, '왜 그렇게 살아왔어야 했을까?' 하는 생각이 들었다. 누가 쫓는 것도 아닌데 스스로 채찍질하며 빠르게 재촉해 온 시간에 대한 기억이 주마등처럼 스쳐 지나갔다. '이젠 그러지 말아야지.' 하는 생각이 퍼뜩 들었다. 해안 도로를 걸을 때였다.

마침 오후부터 추워진다는 일기 예보가 있은 지라, 세찬 바람과 함께 방파제 근처까지 휘몰아치며 부서지는 파도의 포말을 바라보다 보니 머릿속에 떠오른 생각이다. 지금 걷는 발걸음처럼 이제부터라도 흘러가는 시간을, 가능하면 좀 더 느리게 맞이하리라 하는 다짐이 절로 생겨났다.

사실 이번 여정만 해도 처음엔 회의 참석만을 위해 당일 코스로 다녀오기로 하고 항공권을 예매하였다. 한 달 전이었다. 아직 환승역 이전에 걸어왔던 내 인생길에서 늘 몸에 익혀왔던 습관 때문이었다. 이틀간 잡혀 있는 회의 일정이었지만, 첫날에 대부분 중요한 일정이 다 몰려있어, 첫날 저녁 회의만 마치면 마지막 항공편으로 귀로 길에 오르려고 했었다. 지금까지 그래 왔던 것처럼. 출발 사나흘 전까지 마음속 갈등이 사라지지 않았다.

모처럼 제주 여행인 데다, 환승역에서 갈아탄 인생길을 걷고 있는 이번만큼은 좀 더 여유 있는 여정을 가지는 게 좋지 않을까 하는 생각이 나서다. 출발 하루 전에야 1박 2일의 여정으로 다녀오기로 마음을 바꾸었다. 예약했던 저녁 9시 마지막 항공편을 다음 날 오후 1시 비행편으로 바꾸었다. 호텔도 예약했다. 회의가 결정된 한 달 전에 미리 보아 두었던 숙박비 대비 50% 오른 가격을 치러야 했다. 하지만 추가 비용이 아무리 든다 한들 일탈의 행복을 가져온 이번 여정의 값어치를 생각하면 아무것도 아니라는 생각이 든다.

추억 속의 동해남부선

● 동해선

  지난 일요일, 동해선 전철을 탔다. 딱히 볼일이 있어서라 기보다는 호기심 때문이었다. 2003년 여름, 공사를 시작하여 1단계론 2016년 겨울, 부전역에서 일광역까지 개통된 광역 전철이다. 2021년 연말, 울산 태화강역까지 2단계 연장 개통되었다.
  어릴 적 자주 이용하던 동해남부선의 추억이 남아 있어 그때와 비교하고 싶은 생각도 들었다. 당시 동해남부선을 타고 송정 해수욕장을 찾았고, 좌천역에 내려서 장안사까지 걸어가곤 했었던 추억이 되살아나서이다. 동해남부선 차창 밖으로 펼쳐지던 동해의 아름다운 바다 풍경이 수십

년이 지난 아직도 눈에 선하다.

 종점인 태화강역까지 가면서 동해선 광역 전철을 타면, 그때 보았던 동해의 출렁이는 파도를 다시 볼 수 있을 것으로 기대했다. 하지만 동해선은 좌천에서 월내 구간 사이에서 고리 원자력 발전소 주위의 바닷가 풍경만을 잠깐 보여주어, 실망이 이만저만이 아니었다. 울산 지역에서 부산 나들이하는 승객들이나, 울산으로 볼일 보러 가는 승객들에게는 이 전철이 큰 도움이 될 것이다. 그렇지만 머릿속에 남아 있던 동해남부선 풍경을 생각하고 동해선을 탄 내게는 큰 아쉬움이 밀려왔다.

 KTX의 등장은 물론, 토지 보상이며 인구 특성 등 여러 가지 상황을 고려하여 동해남부선을 폐선하고, 동해선으로 광역 전철화한 데는 그만한 정책적 이유가 있었을 것이다. 그럼에도 개발과 편리함이 반드시 아름다운 것만은 아니라는 생각이 불현듯 들었다. 그런 변화들이 대부분 난개발같이 여겨지는 것은 말할 것도 없고, 지켜지는 것보다 사라지는 것들이 더 많은 현실을 생각하니 안타깝기 그지없다.

 동해선 광역 전철을 구상할 때 원래 동해남부선의 아름다웠던 옛 철길을 보존하거나 보수하면서 공사할 수는 없었을까? 개발 비용 때문일까? 아니면 공사의 어려움 때문일까? 나로선 알 수 없는 나름대로 전문가의 결정이었겠지만, 안타까운 것은 안타까운 것이다.

요즈음 보면, 이런 나의 안타까움에 답하려는 듯, 옛 풍경을 살리기 위해 지방자치 단체들이 적지 않게 노력하고 있는 것도 사실이다. 우동~송정 구간, 약 6km 정도의 동해남부선 폐선 구간에 비싼 요금의 바다열차가 운행 중인 것도 그 일환이리라. 하지만 옛날 우리가 자주 이용하던 동해남부선의 존재를 대신하기엔 뭔가 아쉬운 것도 사실이다.

날이 갈수록 옛것이 그리운 건 나이 탓일까?

● 사라진 철길
  - 그 멈춘 시간에 대한 단상斷想

지난(2022년) 설날, 형님 집에 다녀왔다. 차례와 아침 식사를 끝낸 뒤 다과를 나누다 당신이 찍은 사진들을 내게 보여주었다. 사진작가로서 부산 이곳저곳 사라진 모습들을 멋지게 촬영한 작품들이었다. 종종 한 장의 사진을 보면, 마치 타임머신을 타고 날아간 듯 과거 어느 날 그 순간 그곳에 멈춰 있게 된다. 사진의 속성이다. 사진으로 말미암아 과거의 사건과 인물과 자연이 언제든 우리 기억 속에 되살아난다.

철도공작창에 근무하던 선친先親 덕분에, 내 유년 시절의 기억 속엔 여느 가족보다 기차 여행에 관한 추억이 많다. 그중 하나가 동해남부선과 송정역이다. 송정역에 내려서 해수욕장까지 걸어가곤 했었다. 유년 시절의 추억을 고스란히 담고 있던 그 송정역은 2013년, 송정초등학교 맞은편에 생긴 새 역사로 이전하여, 지금은 추억 속에만 머물게 되었다. 청사포 옛길에서 만나는 송정마을 근처에 있었다. 1934년 12월 16일, 일제강점기 군수물자 수송을 위해 첫 기적을 울렸던 곳이다. 아르누보 양식으로 지어진 건축물이며, 2006년 12월 4일, 근대문화유산 등록문화재 제203호로 등재될 만큼 역사적인 건물이다.

▲ 사진 1

이제는 사용되지 않는 역내 철로길 위엔, 철길을 가로막고 있는 구조물(사진 1)이 인상적이다. 이곳에 서 있는 안내판(사진 2)에 지난 세월의 이야기들이 담겨 있다.

▲ 사진 2

"교복 입은 학생들의 통학 열차와/ 일터 나선 어른들의 통근열차 드나들 적, / 주말이면 지척에서 물결치는 바다 감상하며/ 추억될 짧은 여행 떠났던 적, / 나는 온갖 삶 싣고 기꺼이 달렸습니다./
나는 이제 역사가 되려 합니다./
더 이상 스쳐지나갈 수 없는 바다와 멀리/ 더 이상 싣고 추억할 수 없는 사람들 떠나/ 더 이상 달릴 수 없는 사이가 되어 갑니다./"

안내판에 적혀 있듯, 우리가 젊었을 때, 아니 그보다 더 어린 시절이었을 때, 그 철길 위로 다니던 기차를 타던 장면이 마치 어제 일처럼 떠올랐다. 교복 입은 철수는 그 철로 위를 다니던 열차 칸에서 밀린 숙제를 했고, 영수와 우정을 나누었으며, 영희를 만나 사랑을 나누기도 했을 것이다. 송정마을에 살던 민수는 부암동에 있던 신발 공장에 출근하기 위해, 매일 새벽 달리던 그 열차에서 쪽잠을 자면서 모자라는 잠을 보충하기도 했을 것이다.

유년 시절 그리고 대학 시절, 가족 휴가를 위해, 또는 M/T를 위해 그 기차를 타고 송정 해수욕장을 찾았던 기억이 고스란히 되살아났다. 동해남부선 철로 변을 스치던 아름답던 동해 풍경과 함께. 2022년 오늘 현재, 이젠 역사 속으로 사라진 철길이기에 더욱 그 추억이 아련하다. 이젠 더 이상 달릴 수 없는 길이기에 안타까움이 크다. 역사 안쪽 철로에 덩그렇게 놓여있는, 앙증맞은 모형 기차(사진 3)로도 그 아쉬움이 가시지 않는다.

▲ 사진 3

해운대 지역에 있는 미포 건널목을 건너 청사포 옛길(사진 4)을 걷다 보면 더욱 그런 생각이 많이 든다.

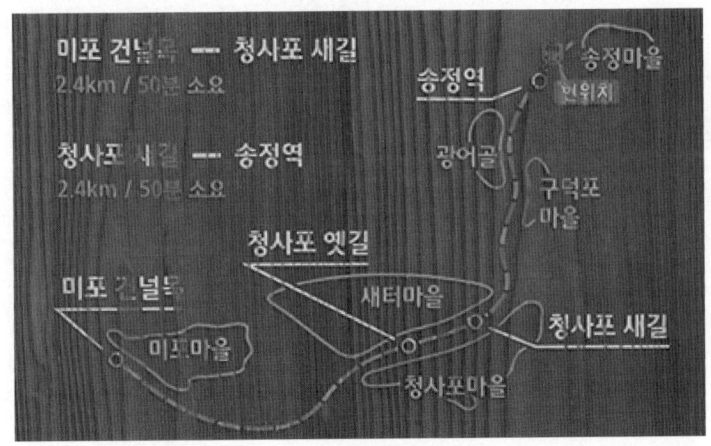

▲ 사진 4

사라진 동해남부선을 걷다 보면 끊어진 철길(사진 5)이 눈에 밟힌다. '사라진 것들'에 대한 그리움이 휘몰아친다. 끊어진 철길에 놓인 터널(사진 6)은 또 얼마나 많은 이야기를 담고 있을까?

▲ 사진 5

▲ 사진 6

사진 2의 안내판에 담긴 이야기처럼, 동해남부선은 70여 년의 세월 동안 수많은 이야기를 담아 왔다. 도시 발전과 함께 새로운 역들이 생겨나기도 하고, 옛날 역이 폐지되기도 하면서 명을 이어 왔다. 이를테면, 부전역은 1943년 4월부터 영업을 개시했고, 일광역은 1949년 7월경에 삼성역이었던 이름이 개명된 곳이다. 2002년 12월에 동서 통근열차가 폐지되었으며, 2004년 2월엔 여객열차의 시·종착역이 부전역으로 변경되었다. 그러다 2006년 11월, 도시 통근열차가 완전히 폐지되면서, 2013년 12월, 수영~기장 간 이설 개통으로 수영, 해운대, 송정역이 이전되었다. 2016년 4월, 동해남부선 전 구간이 동해 본선으로 편입되고, 2016년 12월, 동해선 광역 전철 개통과 동시에 동해남부선 전 구간이 동해 본선으로 편입되는 역사의 길을 걸었다.

　형님의 사진첩을 계속 들여다보다 인상적인 사진(사진 7) 한 장에 시선이 머물게 되었다. 동해남부선 상에 놓여있던 좌천역사 건물과 역 앞 상가 건물의 철거 예고 사진이었다. 그 사진은 내게 많은 사유思惟 거리를 안겨 주었다.

▲ 사진 7

 1934년부터 부산-울산을 연결하면서 해운대역과 함께 동해남부선의 중심 역으로 자리 잡았던 좌천역이 아니었던가. 2016년 포항까지 연결되는 동해(본)선으로 편입되기 전까지 존재했던 동해남부선의 한 역이었다. 2021년 12월 28일, 일광역~태화강역 구간 동해선 광역 전철이 개통되면서 새로운 전철 역사가 건립되어, 구 좌천역사는 역사 속으로 사라지게 되었다. 이 구간 중 태화강역에 여객열차가 정차하면서, 덕하역, 남창역과 함께 여객열차는 정차하지 않고, 전동차만 정차하게 되었기 때문이다. 사진 7은 구 역사의 임무가 끝난 후 역사 인근에 있던 상가 건물의 철거 전 현장을 촬영한 것이다.

(여기서는 모두 흑백으로만 인쇄되어 있지만) 원래의 사진은 모두 흑백 배경인 가운데, 공중전화 부스 골격(연두색)과 '철거'라는 글씨(붉은색)만 컬러로 편집되어 있다. 이 사진은 자연스럽게 스티븐 스틸버그 감독의 흑백 영화 〈쉰들러 리스트〉에 등장하는 장면을 연상케 했다. 흑백 화면 가운데 등장하는 유이有=한 붉은색(빨간 외투 입은 유대인 여자아이 모습과 빨갛게 타오르는 촛불 심)을 연상하게 할 만큼 강한 인상을 주었다. 찰나의 시간이었지만, 부산진구 부암동 145번지의 기억을 떠올리게 했기 때문이다.

2000년대 들어서면서 유년 때부터 보아왔던, 많은 것들이 사라졌다. 내가 태어나고 자랐으며, 학창 시절을 보내고, 결혼했던 곳이다. 결혼하여 분가한 후에도 자주 방문하던 내 고향이었다. 부산진구 부암동 145번지에 존재했던 우리 집. 이젠, '도시 재개발'이란 이름 아래 흔적도 남기지 않은 채 이 지상에서 영원히 사라져 버린 '그곳'이 되어 버렸다. 그곳은 30대 이전의 내 기억 속에만 남아 있다. 유년 시절, 우리 집 근처 징검다리 놓여있던 개울은 복개되어, 오늘 그곳엔 마치 점령군 같은 형태의 고가도로가 떡하니 버티고 서 있다. 학교에 가려면 반드시 건너야 했던 개울이었다. 당시의 '우리 집'이며 그 개울의 징검다리 사진 한 장 남아 있지 않은 것이 못내 아쉽다. 그렇게 어느 날 갑자기 지상에서 영원으로 사라질 줄 짐작이나 했던가!

　사진 7은, 최근에 읽었던 『드리나강의 다리』를 연상하게 했다. 1961년 노벨문학상 수상 작가 이보 안드리치의 대표작이다. 그 작품 속엔 다음과 같은 서술이 등장한다.; "눈에는 보이지 않았지만…도시 발전의 역사와 함께 우리 생활 가운데 쳐진, 단호한 효과를 지닌 갖가지 법령, 규정, 명령의 그물 아래…내가 살던 그곳의 모습이 바뀐 것이다…우리 모두의 풍속과 습관마저 뜯어고쳐지면서…모든 것들이 평화롭게 그리고 그다지 얘기도 없이, 완력이나 도발 없이 이루어지면서…."

▲ 사진 8 (https://ko.wikipedia.org/에서 전재)

먼 발칸 반도에 있는 그 다리(사진 8)는 500년 역사를 이어 왔는데, 우리 그 역과 철길은 고작 70년을 버티지 못하고 사라져 버렸어야 했을까 하는 안타까움이 밀려왔다. '우리 집'과 집 근처의 그 개울은 어쩔 수 없다 하더라도. 주지하다시피, 드리나강은 보스니아-헤르체고비나의 동쪽을 지나간다. 비에슈그라드에 소재하면서, 그 강을 가로지르는 아름다운 그 다리의 원래 이름은 메흐메드 파샤 소콜로비차 다리이다. 16세기 말 궁정 건축가인 미마르 코카 시난이 메흐메드 파샤 소콜로비차 재상의 명을 받아 건축하였다고 한다. 오스만 제국의 기념비적 건축물 중 하나인 그 다리는, 발칸 반도의 험난한 역사와 함께 500년 동안 그 자리를 지켜왔다. 역사적 건축물이기도 한 『드리나강의 다리』는 그 작품을 통하여 되살아났다. 21세기 먼 근동近東에 사는 우리에게 역사적 유물의 중요성을 일깨워 주는 작품이다. 왜 우리는 그렇게 의미 있는 유물을 '사라지게' 하는 것일까라는 아쉬움이 진하게 남는다.

아마도 20대 청년 시절, 『드리나강의 다리』에 묘사된 바와 같이, 내가 알 수 없었던 그런 법령과 규정, 또는 명령이 '우리 집'을 흔적도 없이 사라지게 했을 것이다. 사라진 '우리 집'처럼 우리 주변에서 사라진 것들이 어디 한두 가지랴? 재건축이란 이름 아래 옛 건물이 사라지고, 그 자리에

▲ 사진 9

우후죽순처럼 회색 벽을 치는 고층 아파트들을 볼 때마다 내 가슴에 남은 추억을 더욱 가슴 아리게 한다.

　2022년 2월 초하루 설날 아침, 형님의 사진첩에 담긴 사진들은 내게 무척이나 강한 인상을 남겼다. 사라진 철길 따라 걷던 내 사유의 그 시간들은, 앞으로도 오랫동안 멈추지 않고 내 머릿속에 똬리를 틀고 앉아 가끔씩 꿈틀거리며 머릿속을 헤집을 것 같다. 30여 분도 채 되지 않은 짧은 시간 동안이었지만.

　지금은 사라진 좌천역(사진 7)에서 일광역 쪽으로 약간의 언덕길을 올라가다 보면, 중간 지점쯤 오른쪽에 동해의 바닷물이 넘실대는 아름다운 풍경이 펼쳐지는 가운데 두 갈래 갈라진 철길을 만날 수 있었다. 내 사유의 길은 사진 9에 담긴 바로 그 철길이 갈라진 곳에서 멈추었다. 잠시 눈을 감고 그 철로 가운데서 두 팔을 편 채로, 갈라진 두 철길을 바라보며 서 있는 내 모습을 상상해 보았다. 마음속에 내가 걸어온 삶의 길이 파노라마처럼 펼쳐졌다. 순간 문득 머릿속에 떠오른 생각이다.-'지금까지 내가 걸어온 그 삶의 길은 과거의 길로 머물며 영원히 사라진 길이 되고 말까? 아니면, 현재를 넘어 또 다른 의미의 새로운 어떤 길로 이어질까?' 하는….

손목시계

    누구에게나 어떤 사물에 얽힌 나름대로의 특별한 추억이 있을 터이다. 내게는 손목시계에 얽힌 특별한 유년의 기억이 있다.

    초등학교 시절이었을 것이다. 동네 또래 친구와 친구 형들 해서 예닐곱 명이 함께 부산 근교 해수욕장을 함께 간 적이 있었다. 백사장이 있는 큰 바닷가는 아니었고, 인적이 드문 한쪽 구석에 바위가 드문드문 놓여있고, 바위틈 사이에 약간의 모래톱이 있었던 곳으로 기억된다. 원래 수영을 잘 못하는 데다 물을 겁내었다. 그런 탓에 다른 아이들은 멱을 감고, 나는 모래톱 사이에 있는 작은 바위에 걸터앉아 아이들이 벗어둔 옷과 소지품을 지켰다.

아이들이 바다에서 물장난을 치고 멱을 감고 있는 동안, 중학생인지 고등학생인지 기억나질 않지만, 나보다는 덩치 큰 어떤 학생이 나를 불렀다. 어떤 대화가 오갔는지 전혀 기억할 수 없다. 하지만 잠시 후 나와 몇 마디 대화를 나누던 그 형님뻘 되는 학생이 어디론가 갑자기 사라져 버린 기억은 아직도 내 머릿속에 남아 있다.

한참 후 멱을 감던 친구들이, 뭍으로 올라와 몸을 닦은 후 옷을 입었다. 그런데 친구 중 두서너 명이 자기가 차고 있었던 손목시계가 안 보인다고 했다. 모두가 가난했던 시절이었지만, 그 친구들은 손목시계를 찰 형편이 되었나 보다. 시계가 떨어졌나 살피며, 옷가지를 두었던 바위 근처나 모래톱 사이를 샅샅이 뒤졌지만, 손목시계를 찾을 수가 없었다.

그때 갑자기 내 머릿속에 아까 나와 대화를 나누던 그 형이 생각이 났다. 그랬다! 나에게 말을 걸었던 그 형은 나도 모르는 사이 옷 곁에 두었던 시계를 훔쳐 달아난 것이었다. 전혀 눈치를 채지 못한 나의 잘못이었다. 친구들이 마구 화를 내었던 기억이 난다. 집에 와서 그 이야기를 하니, 엄마가 친구들의 부모님들께 찾아가 사과하고 변상하겠다고 말씀하셨다. 그 친구들이 부자라서 그랬던지, 아니면 그 친구의 부모님들이 우리 부모님과 잘 아는 사이여서 그랬는지는 모르겠지만, 아무튼 집으로 돌아온 엄마는 변상은 안 해도 되게 되었다며, 다음부터 조심하라고 내게 타이르셨다.

어릴 적부터 조용한 아이라, 바깥나들이를 거의 하지 않던 내가 어떻게 해서 그날 동네 또래 친구들과 그 바닷가에 갔는지, 지금 생각해도 알 수 없는 신비이다. 집 근처도 아니고 분명 버스를 타든지 전차를 타든지 해야 갈 수 있는 먼 바닷가였을 텐데, 어떻게 그곳에 갔는지, 그곳이 어디인지 전혀 기억에 남아 있지 않다. 하지만 반세기가 지난 지금까지도 어떤 형님과의 대화, 잃어버린 손목시계, 그리고 나를 탓하며 방방 뜨던 친구들의 모습은 문득문득 생각이 난다. 그 친구들이 누구였는지 전혀 기억나지 않으면서도 말이다.

내 기억이 맞는다면, 대학생이 된 이후에라야 처음으로 손목시계를 찼다. 손목시계를 처음 찼을 때, 불현듯 초등학교 때의 그 손목시계 사건이 떠올랐던 기억이 난다. 그 이후, 고장 난 시계를 대체해 몇 번인가 시계를 바꿔 차면서, 세월의 흐름과 함께 어릴 적 그 손목시계 사건은 기억이 희미해져 갔다. 시대의 흐름과 함께 요즈음은 최신의 스마트워치를 손목에 차고 있다.

그럼에도 불구하고 이상하게 **손.목.시.계.**란 네 단어로 된 낱말만은 언제나 내 머릿속에 깊이 각인되어 있다. 그만큼 그 예상치 못했던 사고가 어린 나의 삶 속에 강렬한 인상을 남겼기 때문이리라.

　살아가면서 두 번의 도난 사건을 경험하였다. 그중 한 번은, 신혼생활 중에 있었던 도난 사건이었다. 1983년 6월 말 혹은 7월 초, 전 국민이 KBS 방송에서 방영되던 이산가족 찾기 방송에 빠져 있던 그 어느 여름밤, 더위를 피하느라 열어 두었던 창문을 타고 도둑이 들어왔다. 밤늦게까지 방송을 시청하던 우리가 잠들기를 기다려, 한밤중 우리 집을 침범했나 보다. 아침에 눈을 뜨니 이리저리 옷가지가 방바닥에 널려있고, 결혼반지며 손목시계 등이 도난당한 걸 알게 되었다.

　또 한 번은, 스페인 바르셀로나 여행 중에 지하철에서 당한 소매치기 사고이다. 저녁을 먹은 후 스페인의 명물, 플라멩코 춤을 보려고 극장으로 향하는 지하철을 탔다가, 젊은 친구들에 의해 지갑을 털렸다. 그야말로 눈뜬 채 코 베인 셈이었다. 탑승객들이 지켜보는 가운데 내 여행경비 전액을 소매치기당했다.

　이렇게 결혼예물의 도난이나 유럽 여행경비의 도난은 적지 않은 경제적 손실과 함께 더 충격적인 도난 사건이었을 것임에도 불구하고, 세월이 흐를수록 어릴 적 그 손목시계 도난의 기억이 더 또렷이 되살아나는 것은 무슨 까닭일까? 나이 들어갈수록 유년으로 되돌아간다는 자연의 섭리 탓일까?

손.목.시.계. 오랜만에 이 네 글자의 낱말을 생각하다 보니 그날 친구들과 함께 있었던 바닷가 풍경이 어렴풋이 떠오른다. 얼굴도 이름도 전혀 기억할 수 없는 그날의 친구들이지만, 지금은 어떻게들 지내고 있을까 갑자기 궁금해진다. 우리에게서 손목시계들을 훔친 그 형은 어떻게 살고 있을까도 궁금하다. 내 탓에 손목시계를 잃어버린 그 친구들도, 손목시계를 훔쳤던 그 형도, 지금은 모두 행복하게 잘 지내고 있으면 좋겠다.

내 손목에 채워진 스마트워치에서 진동이 울린다. 누군가에서 전화가 걸려왔나 보다. 모르는 전화번호이다. 받을까 말까, 순간적으로 머릿속이 복잡해진다. 손목시계를 회상하며 글을 쓰다 보니, 반가운 전화이든, 아니면 받기 싫은 전화이든, 오늘만큼은 다정하게 응답해야지 하는 생각이 든다. 개인적 관계이든, 업무적 관계이든, 상대방은 필요해서 내게 전화를 걸었을 것이니까. 확실한 보이스피싱이 아니라면 무조건 받아야겠다고 결심했다. 마음을 곱게 써야 좋은 일도 따르는 법인가 보다. 적어도 20년이 넘는 세월 동안 소식을 몰랐던 동창 친구의 전화였다. 서로의 안부를 물으며 우리 서로, 행복했던 그 시절 이야기를 나누다 보니 통화 시간이 5분이 넘었다.

유난히 추웠을 그해 겨울

 겨울 어느 날 고고한 울음소리와 함께 이 세상과 처음으로 마주하였다. 반평생을 함께하고 있는 집사람과의 첫 출발을 세상에 알린 날도 한겨울이었다. 아내의 첫 출산도 그렇고 두 번째 출산을 맞이한 것도 겨울이었다. 그러니 이래저래 겨울은 내게 특별한 계절임엔 틀림이 없다.
 많이들 기억하고 있겠지만 1970년대 유행했던 가요 중 <♪겨울 아이♪>라는 노래가 있다. 이종용이 부른 노래다. 생일 축하곡으로도 많이 불렸다. 멜로디가 아름답기 때문이기도 하지만, "눈처럼 깨끗한"이란 가사가 인상적이었기에 아직도 뇌리에 깊이 각인되어 있다. 하지만 살아온 지난날들을 회상해보면 그 가사에서 드높여 준 것처럼, 겨울에 태어난 자신이 "그렇게 '깨끗하고 아름다운' 사람으로 잘 성장해 왔을까?" 하는 물음엔, "예."라고 말할 자신이 없다.

봄, 여름, 그리고 가을이 지나가고 진정으로 나이 한 살을 더 먹게 되는 겨울의 내 생일을 맞이할 때마다, 지나간 겨울의 기억들이 주마등처럼 머릿속을 스쳐 지나간다. 얼어붙은 못에서 앉은뱅이 썰매 타던 어릴 적 기억도 나고, 집사람과 함께 베갯속 채우려고 쇠미산 오솔길 가에 떨어진 편백나무 열매를 주우며 시린 손을 호호 불던 기억도 난다. 해외 출장길에서 매서운 추위에 빨갛게 언 귀를 두 손으로 감아쥔 채 걸어가던 프라하의 찰스 다리도 생각나고, 얼어붙은 나이아가라 폭포 곁에서 감상에 젖던 순간들도 기억난다. 그러면서 내 삶 속에 각인된 기억의 편린片鱗들이 조각조각 머릿속에서, 가슴속에서, 유영游泳하는 걸 느낄 때가 적지 않다. 나이 탓일까?

그런 가운데 머릿속에 똬리를 틀고 있다가, 아이들을 키우는 과정에서 겨울 어떤 시간에 갑자기 튀어나와서 머릿속을 어지럽히는 특별한 기억이 있다. 입학시험에 관한 기억이다. 대한민국 부모님들이라면 누구나 겪었을 경험이 아닐까 한다. 수능 시험부터 고3 자녀들의 대학 선택이 최종 결정될 때까지 가슴을 졸여야 했던 경험을 가진 부모님들이라면, 자신들의 인생에 있어 쉽게 지워지지 않는 겨울의 기억들로 남아있을 것이다. 우리 시대와는 다른 복잡한 대학입시 구조로 말미암아, 대학 선택에 있어서 당사자인 자녀들보다 부모님들의 머릿속이 더 복잡했을 것이라는 생각이 든다.

물론 나 자신도 예외가 아니다. 당시 선택한 대학을 졸업한 뒤의 현재 아이들의 모습을 지켜보면서, 그때 만약 출신 대학과 다른 학교나, 다른 대학의 다른 전공을 선택했더라면 어땠을까 하는 생각이 불현듯 들 때가 가끔 있다. 만약 그네들이 그때 다른 선택을 했더라면, 지금보다 더 나은 삶을 살고 있을까? 아니면, 그들의 오늘이 가장 좋은 삶을 살아가고 있는 모습일까 하는….

우리 때는 요즈음과 달리 대학입시는 말할 것도 없고, 고등학교와 중학교 입학시험까지 치열한 경쟁을 치러야 했던 시절이었다. 그해 겨울 치러진 중학교 입학시험에서 보기 좋게 미역국을 마셨다. 별 도리 없이 2차 입학시험을 봐야 했지만, 2차 시험에서도 불합격의 고배를 마셨다.

재수가 불가피한 상황이 된 그때, 마침 당시 신설되어 1년밖에 되지 않았던 어떤 중학교에서 추가 모집 공고가 떴다. 부모님의 결정으로 3차로 입학시험을 본 그 학교를 졸업하게 되었다. 어린 나이에 재수라는 힘든 길을 가기보다는 그곳이라도 해당연도에 입학하는 게 낫겠다고 생각하셨을 것이다. 내 삶을 거쳐 간 숱한 겨울 가운데 입학시험을 3번이나 치렀던 그해 겨울은 유난히 더 춥지 않았을까 하는 생각이 문득 든다.

당시에 이른바 '괜찮은' 중학교를 졸업하고, '괜찮은' 고등학교에 다니고 있던 형님과 누나의 멋진 교복이 작지 않은 자극이 되었을 것이다. 어쩌면 나 스스로 그런 환경에 놓인 상황이 용납되지 않았기 때문일지도 모르겠다. 중학교 입학 후 내 평생 가장 많은 시간 공부했다는 기억이 들 정도로 열심히 공부했다. 그 덕분인지 고등학교는 형님이 다니던 학교에 무난히 합격하였다.

미국 시인 로버트 프로스트는 「가지 않은 길」이란 시에서 이렇게 노래했다.

"…훗날에 훗날에…어디선가 한숨을 쉬며 이야기할 것입니다…두 갈래 길이 있었다고…나는…길을 택하였다고. 그리고 그것 때문에 모든 것이 달라졌다고."

잘 알려진 그 시 구절처럼 이미 바뀐 운명을 어떻게 할 수는 없을 것이다. 그럼에도 '형님이 다녔던 그 중학교에 입학하기 위해 만약 그때 재수를 했더라면, 내 인생은 어떻게 달라졌을까?'라는 생각이 문득 들 때가 있다.

　10년의 세월이 흐른 후 대학 졸업을 앞두고 또다시 맞은 어느 겨울, 두 장의 대학원 합격 통지서를 받아 들게 되었다. 어느 대학원을 선택할 것인가? 한참을 고민하였다. 결국 현재의 나를 있게 한 대학원을 택했고, 지금껏 살아오면서 그 선택만은 잘된 것이었다고 여기고 있다. 중학교 때의 선택이 부모님의 선택이었든 내 운명이었든, 대학원의 선택이 나의 선택이었든 내 운명이었든, 그렇게 이어온 나의 삶을 존중해야 하지 않을까 하는 생각이 든다. 나에게 어떤 삶이 선택되었건, 그 선택된 삶을 살면서 자신이 어떻게 살아왔는가가 더 중요한 게 아닐까? 지나간 시간을 되돌릴 수는 없기 때문임은 물론이다.

　<♪겨울 아이♪>가 다시 생각나는 계절이다. 그 가사가 그리는 것처럼, 겨울에 태어난 한 아이가 숱한 겨울을 보내면서 살아온 삶의 궤적이 '눈처럼 깨끗'할 리 만무하다. 그럼에도 불구하고 '깨끗한 눈'을 닮은 그런 삶을 살려고, 적어도 노력은 하며 살아왔다는 것만으로 내 생애 모든 겨울의 나의 선택을 있었던 그대로 받아들여야겠다.

'내사모' 번개 모임

 지난 수요일 수필부산문학회 번개 모임이 있었다. 한 달 전에 예고된 바가 있어 글자 그대로의 '번개 모임'은 아니었지만, 포괄적 의미에서 '번개' 모임이라 해도 크게 틀린 말은 아닐 듯하다. 연중 계획에 포함되어 있지 않았던 반짝 모임이었으니까.
 시내가 아닌 정관 지역의 한 음식점에서 점심 모임을 하기로 약속이 되었다. 그곳에 사시는 ㅈ 고문의 배려 덕분이다. 시내 두 곳 임시 약속 장소에 모인 뒤, 차량 두 대에 분승해 약속 장소로 이동하였다.
 병산골이라는 마을에 있는 한 음식점에서 10여 명의 회원이 점심을 함께했다. 멀리 강원도에서 공수했다는, 조그만 버들치들로 만든 '중태기' 매운탕을 맛있게 먹었다. 식후 그곳에 있는 병산저수지 둘레길을 함께 걸었고, 이웃해 있는 한 카페에서 차를 나누며 번개 모임을 마무리하였다.

장마철이었지만 다행히도 보슬비가 내리는 가운데 병산저수지 둘레길을 함께 걷는 시간 동안, 그 무엇과도 바꿀 수 없는 행복감이 우리 모두의 가슴속을 촉촉이 적시었다. 물안개를 허리에 걸친 주위 산들을 병풍 삼아 저수지 수면에 떨어지는 빗방울들의 모습은, 그야말로 아름다운 한 폭의 그림이었다. 게다가 동심원을 그리며 퍼져나가는 빗방울들의 소리 없는 연주회, 그 어떤 악기도 준비되지 않은 연주회였지만, 저수지 수면 위에 동심원들을 그려나가며 이뤄지는 빗방울 연주회는, 한 편의 웅장한 교향악 못지않게 우리 가슴에 작지 않은 울림을 주었다.

빗방울 연주회를 더욱 돋보이게 한 것은 ㅇ 원로 회원의 독창회였다. 둘레길을 걸으며 흥에 겨워 홀로 흥얼거리다, 우리 회원들의 요청으로 둘레길 곁에 세워진 팔각정 계단에서 예고 없이 이뤄진 독창회였다. 수면 위로 번져나가며 펼쳐지는 빗방울들의 연주를 반주 삼아, 고즈넉한 산골 마을에 울려 퍼지는 그분의 웅장한 테너 목소리는, 우리 모두의 가슴을 따뜻하게 적셔 주었다. 그에 질세라, 자청하여 아름다운 꾀꼬리 목소리로 답가를 해 준 ㅇ 회원의 노래도 우리 번개 모임의 의미를 더욱 풍성하게 해 주었다. 그 누구도 예상하지 못했던 순간들이었지만, 두 분의 노래를 들으며 병산 저수지 둘레길을 걸을 때 우리 모두 하나 됨을 가슴속 깊이 느낄 수 있었다.

그런 만큼 더더욱 이번 번개 모임으로 약속된 날에 선약이 있거나, 개인적인 사정으로 참석하지 못했던 다른 회원들의 부재不在가 어느 때보다 더 안타까웠고 죄송한 마음이 들었다.

어떤 만남이든 의미가 있기 마련일 테지만, 이날 번개 모임을 통해 새롭게 깨달은 바가 있다. 어떤 모임이든 의미를 지니기 위해서는 최소한의 필요조건을 충족하여야 하지 않을까 하는 생각이다.

첫 번째 요소는 장소 혹은 환경일 것이다. 어떤 장소 혹은 환경에서 모임이 이루어지는가에 따라 개개인들의 느낌은 각자 다를 수밖에 없다. 좋아하는 사람들끼리의 공식적인 모임이라도 형식적인 모임 자리가 되기도 한다. 반면, 비공식적인 모임이지만 친밀감이 더욱 느껴지는 자리, 혹은 환경이 남다른 의미로 다가올 수도 있을 것이다. 이번 번개 모임이 더욱 기억에 남을 만한 모임이 될 수 있었던 것은, 병산 저수지라는 환경과 바람 없는 가운데, 조용하게 내리는 보슬비의 운치 덕분임은 분명하다. 단순히 야외에서의 모임이라는 성격만으로는, 이날의 모임이 참석자들의 마음에 한층 더 웅숭깊은 의미를 가져다준 이유를 설명할 수 없을 것이다. 장마철임에도 불구하고 바람기 없이 우산 위로 가만가만 흘러내리는 빗방울들만으로 행복함을 느끼게 해 주었던, 이날의 보슬비 덕분에 각자의 마음에 번개 모임의 의미가 더욱 큰 울림으로 다가온 것이리라. 걷기에 불편함을 줄 만큼 세찬 비가 내리고 거센 바람이 불었더라면 상황은 좀 달라졌을 것이다.

두 번째 요소는 모임에 참여한 사람들의 배려일 것이다. 이날 모임을 위해 멋진 장소를 안내하고 식당을 예약해 준 ㅈ 고문은 물론이고, 멀리 일광에서 와서 자리를 함께해 주었을 뿐만 아니라 우리 모두를 위해 멋진 목소리로 열창해 주었던 ㅇ 회원, 답가해 준 또 다른 ㅇ 회원, 참석 회원들을 위해 간식거리를 마련해 일일이 나누어주었던 ㅇ 사무국장 등등. 회원들의 아름다운 배려가 있었기에 이날의 번개 모임이 더욱 빛날 수 있었을 것이다.

그러나 무엇보다 중요한 요소는 사람임은 두말할 나위가 없을 것이다. 어떤 사람들끼리의 만남인가에 따라 그 만남의 의미가 달라짐은 물론이다. 꼭 참석해야 할 모임이기는 하지만 그 모임에 함께해도 그리 즐겁지 않거나, 왠지 모르게 어색하거나 불편한 모임도 있을 수 있을 것이다.

참석하는 사람들 모두가 한마음이 될 수 있는 친분 혹은 의미가 그 무엇보다 중요하다 할 것이다. 평소에도 회원들끼리 우애가 깊은 우리 문학회의 모임이었기 때문에, 이번 번개 모임이 참석자 모두의 가슴에 더 웅숭깊은 의미로 다가왔으리라는 믿음이 든다.

이번 번개 모임을 통해 예전 직장 선배가 알려주었던, '내사모'의 의미를 다시 한번 되새길 수 있어 좋았다. '내사모', 곧 '내가 사랑하는 사람들의 모임'의 중요성. 내가 사랑하는 사람들의 모임이라면, 어떤 환경에서든, 그 모임은 기쁘고 의미를 주는 것임이 틀림이 없을 것이다. 이번 번개 모임 참석자 모두가 각자의 가슴속에 오래도록 남을 추억을 갖게 된 것은, 모든 회원 한 사람 한 사람이 문학회가 수필 동호인들의 그저 그런 친목 단체가 아니라, 수필을 매개로 한 '내사모'의 가족이라는, 공통된 연대 의식을 지니고 있기 때문이리라.

칸나의 뜰 2 - 반성문

외손주들 육아를 거들게 된 지 예닐곱 해가 되어 간다. 맞벌이하는 딸네를 위해 시작한 육아이다. 쌍둥이 누나들에다 남동생까지 아이들이 3명이나 되다 보니, 나도 거들지 않으면 안 되어서다. 다년간 육아를 담당해 오면서 몸이 망가졌을 정도로 수고하는 집사람에 비하면, 나의 육아를 위한 수고는 아무것도 아니다. 손주들 어린이집 등·하원 때 도우미가 되어 주고, 가끔 아이들과 놀아 주며, 집사람 일을 거드는 등, 아주 조그만 역할밖에 하질 않는다.

그래도 육아는 육아이다. 육아로 인해 타지 출장을 자제한다든지, 가능한 한 저녁 약속을 잡지 않는 등, 내 개인적 생활이 제한받는 것도 부인할 수 없는 사실이다. 자녀들이 결혼한 후에도 계속 뒷바라지를 해줘야 하는 부모된 숙명이라 받아들일 수밖에 없다. 그나마 내리사랑의 보답으로 아이들이 나이 든 우리에게 전해주는 행복 호르몬이 아니라면, 육아의 고됨을 견디기가 만만치 않으리라.

여러 해 동안 육아에 가담하면서 점점 더 확실해지는 느낌이 있다. 드러내 놓기엔 사실 낯이 좀 뜨겁지만, 언젠가 가슴속에서 토해내지 않으면 안 되는 고해성사이기도 하다. 외손주들을 돌보면서, 특히 아이들과 놀이를 함께할 때면 자주 그런 느낌이 든다. 바로 내 자녀들에게는 그렇지 못했다는 자책감이다.

자주 내 가슴속을 울리는 그 자책감은 나만의 부끄러운 고백이리라. 사람마다 성격도 다르고 사고방식도 다르니 일반적이지는 않을 터이다. 그래도 다른 집 남자 어른들 누구도 나보단 훨씬 훌륭한 아버지였으리라는 생각이 든다.

세 아이를 키우면서 기저귀조차 갈아 준 기억이 없다. 맞벌이였던 우리 부부를 위해 어릴 적 손주들을 돌봐 준 부모님 덕분이기도 했지만, 그보다는 나의 무관심 탓이 더 컸다는 게 솔직한 고백이다. 아이들이 한참 아빠를 필요로 할 때였을 텐데도, 내 앞가림하느라 바쁘다는 핑계로 서울로, 해외로, 쫓아다녔다. 아이들과 함께 놀아 준 기억이 별로 없다. 아이들에 대한 그런 미안함은, 외손주들을 키우면서 날이 갈수록 더해간다.

　문득문득 금아 피천득의 「서영이」란 수필이 떠오른다. 금아 선생의 따님에 대한 사랑을 그린 그 글에서, 유독 내 가슴에 꽂혔던 문장이 하나 있다. 결혼해서 아이들을 낳고 키우며 흘러간 세월을 추억할 때마다, 더욱더 또렷한 기억으로 되새김질 되는 문장이다.

　"내가 늙고 서영이가 크면 눈 내리는 서울 거리를 걷고 싶다."

　그 글이 떠오를 때면 나도 모르게 내 머릿속에 똬리를 트는 생각이 있다. "서영이가 크면 (팔짱을 끼고) 눈 내리는 서울 거리를 걷고 싶다."와 같이 그 문장에서 '(팔짱을 끼고)'가 생략되어 있지 않을까 하는 생각. 외손주들과 놀이할 때마다, 그렇게 놀아 주지 못한 내 아이들이 생각나서이다. 그 아이들에게 요즈음 '딸 바보', '아들 바보' 아빠들이 아무렇지 않게 보여 주는 살뜰한 애정 표현조차 제대로 해 준 적이 없기 때문이다. 그러다 보니 이젠 어른이 되어 버린 연년생 두 딸과 '팔짱을 낄' 엄두가 나질 않는다. 항상 그 글이 생각날 때마다 가슴이 시려 오는 까닭이다. 아이들 대부분이 즐기는 놀이나 게임을 아빠와 함께한 추억이 없을, 다 큰 아들에게도 마찬가지이다.

　세 자녀에게 대한 미안함이 엄습해 올 때마다 가슴이 뻥 뚫린 듯한 공허감이 몰려온다. 아빠와 놀이를 함께한 기억이 별로 없을, 그들이 자라 온 시간들을 생각하면 그저 미안하다. 되돌릴 수 없는 시간이기에 더욱 안타깝다. 어떤 버킷리스트로도 회복될 수 없는 과거이다. 아이 시절을 지나 이미 어른으로 성장해 버렸기 때문이다.

　언젠가 쓴 글에서, 「칸나의 뜰」이란 제목으로 한 편의 인생 작을 쓰고 싶다는 희망을 피력한 적이 있다. '칸나의 뜰'은 너무나 소소하고 일상적인 일들이지만, 우리 세 자녀가 어른이 되기 전에 내가 해 주지 못했던 것을 무엇이나 해 줄 수 있는 이상향이다. 피터 팬처럼 영원히 아이들로만 남아있는 그 아이들과 함께, 칸나꽃이 가득 핀 그 뜰, 행복의 파랑새가 날아다니는 그곳이 곧 '칸나의 뜰'이다. 그곳을 가꾸고 싶은 간절한 소망을 평생 가슴속에 간직해 왔다.

　세 자녀를 바다로 데려가 함께 물장구치며 놀고 싶다. 인터넷 게임도 함께하고 싶고, 빈 뜰에서 하룻밤을 보내면서 밤하늘을 수놓은 별들을 함께 헤아리고 싶다. 무엇보다 마음으로부터의 사랑을 온몸으로 느낄 수 있도록, 자주 장난치고 함께 놀아 주는 아빠가 되고 싶다. ―아이들의 어린 시절로 돌아가 다시 '칸나의 뜰'을 꾸밀 수만 있다면, 정말 하고 싶은 일들이다.

'칸나의 뜰'에서 이뤄질 소망들은, 어느 누군가에겐 정말 별것 아닌 일일 수도 있을 것이다. 지나온 세월, 쉽게 이해하기 힘든 삶을 살아온 나를 가련하게 여기는 이도 있을지 모르겠다. 아무렴, 어느 누군가에겐 매일매일의 일상이 될 수도 있는 그런 소소한 삶에 목말라하면서 '칸나의 뜰'을 꿈꾸어 왔다. 앞만 보고 달려 온 지난 세월을 생각할수록 날로 더 커지는 아쉬움을 어찌할 수가 없다.

금아 선생의 글은 이렇게 끝난다.

"내가 오래 살면 서영이 집 근처에서 살겠다...아이 둘...「파랑새」이야기도 하여 주고...나하고 저의 엄마처럼 나하고 구슬치기도 하고 장기도 둘 것이다...그 맑은 눈 속에서 나의 여생의 축복을 받겠다."

금아 선생의 글에서처럼 지금 나는, 술래잡기 놀이도 하고 함께 장난도 치면서 외손주들의 맑은 눈 속에서 여생의 축복을 받고 있다. 하지만 종종 그들의 눈 속에서, 그 놀이 속에서, 저의 엄마, 이모나 외삼촌이 누리지 못했을, 그들의 어린 시절이 반추된다. 그럴 때마다 가슴 한편에 불어오는 스산한 바람 기운이 온몸을 휘감는다.

나는 자연인이다

'나는 자연인이다.'- 모 방송국의 교양 프로그램 이름이다. 도시에서 벗어나 산속에서 살아가는 사람들을 찾아가서 그곳에서 생활하는 사람들의 삶을 보여주는 프로그램이다. 도시인들이 갖지 못하는 여유와 행복을 누리며 자연을 벗 삼아 살아가는 그들의 모습에서 사람들이 치유되는 느낌을 받는다고 한다. 중·장년층은 물론이고, 노년에 이르는 남성들이 주요 시청자들이다. 도시의 삶에 지친 그들에게 대리 만족을 선사해 주기 때문이라고 한다.

그저 산을 좋아하다 보니 산에 살게 되었다거나, 건강 문제로 산에 살게 된 자연인들이다. 때로는 사업 실패 등으로 도피 차원에서 산을 찾았다가 자연인이 된 사례도 있다.

노숙자처럼 살아가는 사람들도 있는가 하면, 도시에 남아 있는 가족들과 연락을 취하면서 사회와의 연결 고리를 끊지 않고 살아가는 자연인들도 있다. 배경이 어떠하든 대부분 소박하지만, 자연과 더불어 살아가는 그들은 삶에 대한 만족도가 높은 편이다.

언제부터인가 나는 뉴스를 보지 않는다. 신문 구독을 끊은 지는 오래되었고, TV나 인터넷 포털 뉴스마저 일부러 멀리한다. 뉴스의 주요 부분을 차지하는 우리나라 정치권 소식 때문임은 물론이다. 정치인들의 이율배반적이고 사생결단식의 정쟁을 듣고 보고 하다 보면, 마음이 불편해질 때가 적지 않다. 저마다 국리민복國利民福을 외친다. 실제로는 진영 논리를 앞세워 자신들 정파만의 이익을 위해 네 편 내 편으로 갈라쳐 대립하는 모습에 진절머리가 난다. 비상식적인 발언이나, 막말, 선동 행위를 식은 죽 먹듯 한다. 그래도 부끄러워하거나 책임지지 않으면서, 버젓이 국민의 대표 행세하는 정치인들의 모습을 보면 눈살이 찌푸려진다. 게다가 스포츠 경기 결과 보도를 제외하면, 100% 진실은 찾아보기 힘들다고 비판되어 온 언론의 보도 행태 또한 문제가 적지 않다. 이슈에 따라 난무하는 가짜 뉴스는 더 말할 것도 없다. 그러니 그런 뉴스를 듣고, 보면서, 마음이 불편해지는 것보단 아예 뉴스를 멀리하는 게 상책이란 생각이 들었기 때문이다.

　물론 뉴스로부터 완전히 자유로운 상태로 세상을 살아가기란 정말 어렵다. 아무리 뉴스에서 벗어나고 싶어도 그러기가 쉽지 않다. 출근해 점심때가 되면 식당에 가야 한다. TV를 켜놓지 않은 식당을 찾기는, 해수욕장 모래사장에 떨어진 바늘 하나를 찾는 것보다 더 힘들다. 때맞춰 방송되는 뉴스를 보고 싶지 않다고, 눈 감고 귀 틀어막은 채로 밥을 먹을 수는 없지 않은가? 어쩔 수 없을 때면, 일부러라도 함께 먹는 동료들과의 대화에 더 집중하면서 뉴스를 무시하려고 애쓴다.

　이런 나를 보고 집사람은 "뉴스를 보아야 세상 돌아가는 이치를 알 게 아니냐?"며 핀잔을 준다. "참, 별난 사람"이란다. 도시 속에 살면서도 뉴스, 특히 한국의 정치권 뉴스를 피하려고 다른 세상의 소식들과도 멀어져 살고 싶어 한다. 이런 나는 영락없는 자연인이다.

　뉴스를 듣고 보지 않더라도 최소한의 필요한 소식들은 이리저리 귀동냥으로 듣는다. 그러니 일상 생활하면서 뉴스에서 벗어난 삶을 살아도 불편한 점은 거의 없다. 세상 돌아가는 소식을 알 수 있음은 물론이고, 도시의 삶을 살아가는 데 전혀 불편하지 않다. 속세와 떨어져 산속에서 살아가는 자연인처럼 뉴스와 멀어진 삶을 살아도, 삶은 즐겁고 의미 있다.

　오히려 뉴스, 특히 한국 정치권 뉴스에서 벗어난 삶을 살아가려고 노력하다 보니 정신건강에는 훨씬 도움이 된다. 물론 다른 나라 경우도 정치권의 정쟁은 일상적일 것이다. 하지만 우리나라만큼 상식을 벗어난 정쟁은 아니지 않을까? 자기 정당의 이해와 진영 논리를 앞세우더라도 대체로 유권자인 국민을 두려워하는 것으로 여겨진다. 그에 반해 우리 정치권은 어떤가? 선거 시기만 반짝 국민을 두려워하지만, 일단 당선된 나리들은 유리할 때만 국민을 앞세우는 경우가 대부분이다. 그들이 말하는 국민이 어떤 국민인지 이해가 되지 않는 경우가 적지 않다. 그들의 눈엔 자기 당이나 진영에 호의적인 일부 국민만 전체 국민으로 보이는가 보다.

　아무튼 뉴스에서 벗어나 도심 속의 자연인으로 살아가는 삶이 나름대로 괜찮은 것 같다. 듣고 보고 하면서도 마음이 불편해지지 않을, 그런 정치권 뉴스만 보도되는 날이 과연 올 수 있을까 장담할 수는 없지만, 그런 날이 오면 나도 자연인의 신분에서 벗어나 도시인으로 되돌아갈 것이다. 꿈속에서라도 그런 날이 하루빨리 왔으면 좋겠다.

사랑 애愛

 '사랑'이란 주제로 수필 원고 청탁을 받았다. '사랑'은 우리말 중에서 가장 아름다운 낱말이다. 'love', 'amor', '애愛' 등에서도 알 수 있듯이 다른 나라 언어에서도 예외가 아니다. 그만큼 '사랑'엔 낱말 자체의 아름다움을 넘어 수많은 뜻이 내포되어 있다. 연인에 대한 사랑, 가족 간의 사랑은 물론이고, 우정도 사랑의 한 갈래일 것이고, 친지간의 우애나 자신에 대한 사랑도 사랑의 한 갈래일 것이다. 그런 만큼 사랑에 대한 개별적인 인식도 다를 것이고, 사랑에 대한 체험도 다를 것이다. 그러니 '사랑'에 관한 글을 쓴다는 것 자체도 쉽지 않다.

 숙제를 받아놓고 '사랑'을 주제로 무엇을 쓸 것인가를 고민하다, 천주교 신자로서 그동안 으뜸 교리의 하나로 배워 온 '사랑에 관한 이중 계명'에 대해 한 번 더 성찰하기로 했다. 사랑의 본질을 가장 정확하게 이해하는 길이 아닐까 해서이다.

"네 마음을 다하고 네 목숨을 다하고 네 정신을 다하여 주 너희 하느님을 사랑하고...네 이웃을 너 자신처럼 사랑해야 한다."(마태오 22:37~39).

이 말씀은 이른바 '사랑의 이중 계명'이라고 불리는 복음의 핵심이다. 이 말씀에는, '이웃에 대한 사랑의 계명을 지키지 않고는 하느님의 사랑은 완성될 수가 없다.'는 분리 불가능한 이중 계명의 본질이 내포되어 있다. 전임 교황이었던 베네딕토 16세 교황이 발표한 회칙, 「하느님은 사랑이시다」를 보면, 요한 1서 4:16 말씀("하느님은 사랑이십니다. 사랑 안에 머무르는 사람은 하느님 안에 머무르고 하느님께서도 그 사람 안에 머무르십니다.")을 중심으로 하여 복음의 핵심인 사랑과, 사랑의 이중 계명이 알기 쉽게 설명되어 있다.

"나의 모든 삶에서 오로지 '열심해지려고', 또 '종교적 의무'를 다하려고 하다가 다른 사람에게 관심을 기울이지 못하게 된다면, 나와 하느님 관계 또한 메말라 버릴 것입니다.

이러한 관계는 그럭저럭 '괜찮지만' 사랑이 없는 관계입니다. 기꺼이 내 이웃을 만나 사랑을 드러내고자 할 때에만 우리는 하느님께도 마음을 쓸 수 있기 때문입니다. 내가 이웃에게 봉사할 때에만 나는 하느님께서 나를 위하여 무엇을 하시는지, 하느님께서 나를 얼마나 사랑하시는지 알 수 있습니다...

그러므로 사랑은 더 이상 불가능한 것을 요구하는 외부의 '계명'으로 생기는 것이 아니라, 반대로 내부에서 얻는 사랑의 체험에서 생겨납니다. 이 사랑은 본질상 다른 사람들과 나누어야 하는 것입니다....사랑은 우리의 분열을 뛰어넘어 우리를 하나로 만드는 것, 바로 '우리'가 되게 하는 것이기에, 하느님께서는 마침내 "모든 것 안에서 모든 것"(1코린 15:28)이 되십니다."

이상은 「하느님은 사랑이시다」 회칙 1부의 마무리 말씀이다. 베네딕토 16세 교황은, 하느님에 대한 사랑은 물론이고 이웃 사랑에 대한 교회공동체의 본분과 하느님 사랑과 이웃 사랑의 불가분의 관계를 강조하였다.

현現 프란치스코 교황도 우리의 도움을 바라는 가난한 사람들을 위해 사랑을 실천하라고 지속적으로 가르친다. 「복음의 기쁨」을 비롯한, 그분이 발표한 회칙이나 일반 강론 전반에 걸쳐 일관되게 우리에게 건네는 핵심적인 내용이 사랑의 실천이다.

프란치스코 교황은 나아가, 가난한 이웃을 사랑하기 위해서는 우리 자신이 그들에게 먼저 '다가가서' 대화하는 자세가 필요하다는 점을 틈날 때마다 강조한다. 우리는 사회와의 관계 속에서, 기부를 통해서, 각종 봉사활동을 통해서 다양한 형태의 사랑을 실천할 수 있다. 하지만 어떤 형태의 사랑이든 가장 중요한 것은, 프란치스코 교황이 자주 강조한 바와 같이, 도움의 손길이 필요한 가난하고 소외된 이웃들에게 다가가 마음을 열고 진정으로 그들과 대화하며 그들과 공감하는 것이 필요하다는 점일 것이다. 그래야 하느님이 보시기에 좋은 형제적 사랑이 구체적으로 실현될 것이기 때문이다.

쉽지는 않겠지만, 여기서 우리가 어떻게 이웃에게 마음으로 다가갈 수 있을까를 한번 깊이 성찰할 필요가 있다. '사랑'을 뜻하는 한자의 애愛에서 그 방법의 하나를 찾을 수 있을 것 같다는 게 나의 생각이다. 곧 애愛는 천천히 걷는 걸음(夊, 쇠)으로 상대에게 다가가는 마음(心, 심)을 나타낸다고 한다. 그러니 상대 혹은 이웃에게 성급하지 않게 진실된 마음으로 천천히 다가가면서, 그 혹은 그들로부터 가슴 밑바닥으로부터 공감을 이끌어 낼 때, 비로소 참된 사랑이 실천된다고 보아야 할 것이다.

산에서 즐거움을 얻고
산에서 인생을 배운다

산을 이야기할 때 가장 흔하게 듣는 명언 하나가 있다. 조오지 H. L. 맬러리가 남긴 말이다. 제3차 영국 에베레스트 원정대의 일원으로 참가했다가 자신의 꿈을 실현하지 못한 채 안타까운 삶을 살다 간 산악인이다. 실종된 후 75년이 지나서야 시신이 발견된 바 있다. 1923년 뉴욕타임스와 가진 인터뷰에서, "왜 에베레스트를 목표로 하는가요?" 하는 기자의 질문에, 그가 한 대답이다.

"산이 거기에 있으니까요."

이 명언은 물론 육체적 한계를 극복하면서까지 험준한

산을 정복하려는 인간의 위대한 도전 정신을 상징하는 뜻에서 나온 말이다. 하지만 산이라는 존재가 우리 인간에게 가져다주는 의미를 곱씹어 본다면, 어떤 산이든 "거기에 있으면" 오를 만한 값어치가 있는 법이라는 뜻일 것이다. 네팔의 에베레스트산이나 탄자니아의 킬리만자로산뿐만 아니라, 우리나라 한라산이나 지리산과 같은 험준한 고산 등반에만 해당되는 것은 아닐 것이다. 국토교통부의 정의에 따라 높이의 차이가 100m 이상의 땅이면 산이라 불린다는 걸 생각하면 더욱 그렇다. 비단 고산이 아니더라도 집 뒤 야산 등반에도 꼭 같이 적용되는 명언이다.

여행 작가 심용은, "산이 아무리 낮아도 등산은 등산이다. 다만 높이가 차이가 날 뿐이다."라고 말했다. 12월 눈이 내리다 그친 어느 날, 해발 629m의 서울 관악산을 오르면서 내린 눈이 언 산을 오르다 고생한 자신의 체험을 담은 수필에서다. 따라서 맬러리의 명언은, 에베레스트산처럼 인간의 도전을 쉽게 허락하지 않는 험준한 고산을 향한 도전 정신을 강조하는 의미를 내포하고 있기도 하지만, 산 자체에 대한 웅숭깊은 철학을 담고 있기도 하다.

그 누구에게나 "거기에 있으니까" 가고 싶고, 가야 할 것 같은 장소가 바로 산이다. 육체적 건강 증진을 위한 방편으로 산을 찾기도 하지만, 산을 찾음으로써 산에서 무언가를 배우고 느끼며 정신적인 포만감을 느끼게 해 주기 때문이다. 우리가 잘 알고 있듯이, 『논어』에는, '지자知者요수樂水 인자仁者요산樂山'이란 격언이 등장한다. 곧 지혜로운 자는 물을 좋아하고, 어진 자는 산을 좋아한다는 구절처럼, 산에서 인생 수양을 할 수 있다.

그러기에 동서고금을 막론하고 예술가들은, 수려하고 웅장한 산을 노래하고 화폭에 담아 왔다. 산을 작품 주제로 삼기를 즐겨 하였을 뿐만 아니라 자주 산을 찾아 인생에 대해 사유思惟하였다. 수필가 또한 예외가 될 수 없을 것이다. 등산 애호가이기도 한 한재연 수필가 같은 작가는, 우리나라 전국 방방곡곡의 이름난 산들을 찾아다니며 보고 느끼거나, 만났던 사람들의 이야기를 담아 55편의 글에 오직 산만을 제재題材로 삼아, 『산 산 산……』이란 수필집을 펴내기도 했다. 수필가들은 산을 노래하고, 산과 관련된 자신의 체험을 작품 속에 녹였다. 대개 다음과 같은 형식이다.

"…고교시절 이야기다…전국 학생 백일장에 참가했다…시제는 '무등산'이었다. 난 당황했다…왜 하필 무등산일까?… 주어진 시간에 맞춰 다시 학생들이 대회장에 모였다. 심사 강평이 곧바로 이어졌다…무등산 시제를 낸 이유를 밝혔다.

난, 그때 무등산을 처음 알았다. 백일장 열린 날이 11월 3일 학생의 날이었다...학생 운동의 상징이 무등산이다...그걸 몰랐다...고교를 졸업하고 대학생이 되어서야 무등산을 처음 찾았다...기암괴석이 절경인 무등산, 이젠 멋진 한 편의 시를 하얀 원고지에 사뿐히 담을 수 있을 것 같다."

- 김훈동, 「무등산」 중에서

'관찰이야말로 문학적 상상력의 소중한 바탕이라는 진리.'-고등학생일 때는 전혀 알지 못했던 사실을, 대학생이 된 뒤 실제 그곳에 가서 관찰함으로써 깨닫게 되었다는 자신의 체험을 산에 빗대어 쓴 수필이다.

우리나라에서 산을 주제로 발표된 수필 중 가장 잘된 글은, 아마도 철학자이기도 한 안병욱 교수가 쓴 「산의 철학」이 아닐까 한다. 제목 그대로 철학적 의미에서 산이 가지는 모든 의미를 잘 담아낸 역작이라 생각된다. 이 한 편의 수필 속에 산의 의미가 모두 담겨 있어, 더 보탤 내용이 없을 정도로 탁월한 작품이다. 그 작품에 표현된 몇몇 주요 문장들을 발췌해 소개하면 다음과 같다.

"...산은 자연의 철학이다...산은 우주의 교육자다...인도의 심원한 철학은 히말라야 산속의 명상에서 나왔다. 타고르의 아름다운 시는 깊은 산의 산물이다. 괴테는 산에서 위대한 시의 영감을 얻었다…산의 정기가 사람을 착하게 만든다…산의 침묵의 덕을 배우고 장엄미를 배우고 조화의 진리를 터득하고 진실의 정신을 깨닫고, 우정을 알고 또 인간의 한계를 인식해야 한다…산의 빛, 산의 침묵, 산의 정기, 산의 음성, 산의 향기는 우리의 심정에 새로운 활력소와 생명의 건강성을 줄 것이다. 우리는 산이라는 자연의 위대한 철학자한테서 깊은 말씀을 배워야 한다. 그는 두려우면서도 친밀한 우리의 벗이다."

– 안병욱,「산의 철학」중에서

산에 관한 수필들의 내용은 작가 자신만의 체험을 바탕으로 쓰여 있지만, 대부분 안병욱 교수의 철학적 사유를 각론各論 식으로 풀어낸 글이 아닌가 한다. 작가마다 산과 연관된 개인적 인생사를 풀어내면서 산에서 얻는 교훈을 되새긴다.

"…거대한 침묵을 지키는 산을 바라보면 왠지 나약해지고 부끄러움을 느끼게 된다. 침묵할 줄 모르며 인내할 줄 모르는 우리는 겸허한 산 앞에 서면 산이 마치 가슴속 생각을 꿰뚫어 보는 것 같아 내심 두려움까지 생기는 것이다…"

– 박우야전,「가을산」중에서

"…위로 받고 싶은 사람들을 산이 품는다. 넓은 품으로 깊은 속으로 품어 준다. 그래서 우리는 휴일이면 스스로 산에 안겨드는지 모른다."

- 김주남, 「여름 숲에 들다」 중에서

 겨울 산행이지만, 낮은 산이라 너무 방심하다 고생한 체험을 수필에 담은 심웅 작가의 수필 또한 마찬가지이다. 이처럼 산을 제재로 한 수필들은 대부분 안병욱 교수가 언급한 바와 같이, "침묵의 덕"을 가진 산, "우정을 알고 또 인간의 한계를 인식해", "친하되 두려워할 줄 알아야" 하는 산에 대한 작가 나름대로의 생각과 체험을 자신들의 작품 속에 담는다.
 나아가 단지 자연의 아름다움과 산행의 즐거움만이 산이 우리에게 주는 선물은 아니기에, 산이 주는 철학적 메시지에 더욱 주목한 수필도 적지 않다. 이른바 인생 수양의 의미를 담뿍 담은 수필들이다. 퇴계 선생의 산행 철학을 소개한, 김훈 수필가의 「산을 오르는 사람들」을 대표적인 예로 들 수 있을 것이다.

"…퇴계는 평생을 산이 가까운 고향 마을에서 살았다. 산 가까이 살기 위하여 그는 무려 40여 번의 사직서를 임금에게 보냈다...제자들을 데리고 다니며 산수의 의미를 가르쳤는데 한번 산행에 며칠씩 걸렸다. 퇴계는 도피와 일탈로서의 산행을 나무랐다. 산속에서 '청학동'을 묻는 자들의 몽환을 퇴계는 꾸짖었다. 산에 가서 '안개와 노을을 마시고 햇빛을 먹으려는 자들'을 퇴계는 가까이하지 않았다. 산에 속아 넘어가서 결국 자신을 속이게 되는 인간들을 퇴계는 가엾게 여겼다. '스스로를 속이지 않겠다.'는 것이 산에 처하는 퇴계의 마음이다. 산이 인간의 마음을 정화시키고 그 정화된 마음으로 다시 현실을 정화시킬 수 있을 때 산은 아름답다. 산에 관한 퇴계의 글들은 그렇게 말하고 있는 것 같다. 퇴계의 산은 이 세상의 한복판에서 구현되어야 할 조화의 산이다."

— 김훈, 「산을 오르는 사람들」 중에서

원래 산은 이 땅에 발을 붙이고 살아가는 인간들이 하늘과 가장 가까이 다가갈 수 있는 곳이었기에, 오래전에는 신비스런 성소聖所였다. 홍성남 교수는 「산의 표상과 상징」이란 글에서 이렇게 적었다.

"동서양을 막론하고 예로부터 하늘은 최고의 존재가 사는 이상의 세계로 여겨지고 있다. 산 아래의 땅에는 희비가 엇갈리고 생존의 암투가 판을 치고 있다. 때문에, 산 아래

사람들은 막연한 구원의 대상으로 하늘을 그리워하며 하늘을 향해 마음의 기도를 올리기도 한다. 이처럼 이상향으로서의 하늘과 인간 세상인 땅의 중간 위치에 놓여진 산, 산은 곧바로 위로는 하늘과 통하고, 아래로는 세상과 연결된 곳이다. 이 같은 산이야말로 완성된 경지를 추구하는 이들의 정신 수양의 장소로 가장 경건한 거소居所로 여겨졌다."

- 홍성남, 「산의 표상과 상징」 중에서

수미산須彌山은 힌두교 및 불교의 세계관에서 세계의 중심에 솟아 있다는 상상의 산이다. 그런가 하면 그리스도교에서도 호렙산, 시나이산, 올리브산, 시온산과 같이 신·구약 성경 곳곳에 신성한 성지聖地로서의 산이 등장한다. 그만큼 고대 사회에서는 종교를 불문하고 산은 신성한 곳으로 여겨져 왔다. 아프리카 오지를 비롯해 아직도 세계 몇몇 나라들에 존재하는 원주민들 사회의 산을 생각하면, 오늘날에도 여전히 산은 종교적 신비를 간직하고 있다. 물론 조선 시대 숭유억불崇儒抑佛 정책도 한 원인이기도 하지만, 유달리 불교 사찰들이 많이 자리 잡은 우리나라 산들도 마찬가지이다.

과학기술이 발전하고 인간 중심의 사회가 도래하면서 성소聖所로서의 종교적 의미는 많이 퇴색되었지만, 오늘날에도 여전히 산은, 사람들의 정신 수양에 큰 도움을 주는 존재로 인식되고 있다. 그만큼 산은 인간의 역사와 더불어 인간에게 생명과 의미를 주는 소중한 존재이다. 그러기에 산을 소중하게 지키고 아름답게 가꾸어야 할 의무와 책임이 우리에게 있음을 한시라도 잊어서는 안 될 것이다.

산행하다 보면 산불이나 천연재해로 인한 피해가 아닌, 인간에 의해 파괴되어 가는 자연의 모습이 산도 예외가 아님을 이곳저곳에서 발견할 수 있다. 산에 관한 최근의 수필들을 보면, 요즈음 화두로 대두되는 이른바 생태 수필적 관점에서 써진 글들도 적지 않다. 사람들이 산을 찾게 되면서 점점 더 몸살을 앓고 있는 산을 생각하는 글들이 종종 발표되고 있다. 남정우 작가의 「장산에 오른다」에도 그런 아픔이 표현되어 있다.

"…매년 조금씩 산허리가 잘려 나가고 산은 훼손되었다… 목이 잘린 나무가 곳곳에 널브러져 있다…어른 손 두 뼘이 안 된 나무는 나이테 숫자가 50년이 넘었다. 속절없이 참수를 당한 슬픈 나무는 말이 없다…"

– 남정우, 「장산에 오른다」 중에서

그런가 하면 고영봉 작가는, 산이 좋아 산을 오르는 사람들이 자신들도 알게 모르게 산의 아름다움을 망치는 '나쁜 사람들'이 되어 간다고 안타까워한다.

"나는 오름을 좋아한다…사람들이 북적대는 모습을 보니 시골 장터 같은 느낌이 든다…일행을 따라 걸으며 지나쳐 버린 능선을 돌아다보니 곳곳이 아파하고 있다. 등산화에 찢겨나간 풀잎은 말라 뒹굴고, 풀이 죽어간 땅은 길고 넓게 빗물에 패고 쓸려 골을 이루고 있다. 커다랗게 떨어져 나간 검붉은 상처는 오랜 시간 흉터로 남을 것이다…오름은 자연이 빚어낸 최고의 걸작품이 아니던가…자연에 얹혀살면서 빚까지 져서야 되겠는가…오름이 언제부터 아프기 시작했는지도 모르지 않는가. 어울려 살면서도 환우患憂를 몰랐다면 우리는 나쁜, 참으로 나쁜 사람들이다…"

— 고영봉, 「나쁜 사람들」 중에서

사람들이 어디 손으로만, 발로만, 산을 아프게 하는가? 때로는 소음으로 산을 아프게 한다. 황선영 수필가는 "휴대폰이나 MP3로 가요를 틀어 남의 심사를 뒤틀어 놓은 무뢰한들이 갈수록 늘어가면서" 아픔을 겪는 산을, 「소음의 숲」이란 짧은 수필 작품을 통해 고발한 바 있다. 안병욱 교수가 「산의 철학」에서 언급했듯이, "산은 우리에게 침묵의 힘, 침묵의 위대성을 가르침"에도 불구하고, 적지 않은 사람들이 산의 침묵을 배우려 들지 않고 오히려 훼방을 놓음으로써 산을 아프게 하는 일도 적지 않다.

여름이 되면 사람들은 바다를 찾고, 산을 찾으며, 더위를 피한다. 피서에 국한해 생각한다면, 시원한 바닷물 속으로 풍덩 몸을 적시며 더위를 피하는 것도 좋지만, 수풀이 우거진 산속에서 시원한 바람을 맞이하거나, 계곡물에 몸을 적시는 것도 좋은 방법이리라. 봄, 여름, 가을, 겨울, 언제나 그때그때마다 색색의 옷으로 갈아입으며 사람들에게 자연의 아름다움을 선물해 주는 산이다. 여름 산 또한 나름대로 특별한 의미를 부여할 수 있을 것이다. 안병욱 교수가 표현하였듯, 산은 (언제나) "무언의 표정으로 우리에게 정다운 손짓을 한다. 봄의 산은 연한 초록빛의 옷을 입고 수줍은 처녀처럼 우리를 부른다. 가을의 산은 풍성한 옷차림으로 힘있게 우리를 유혹한다. 겨울의 산은 순백한 옷차림으로 깨끗하게 단장하고 우리에게 맑은 미소를 던진다... 여름의 산은 풍성한 옷차림으로 힘있게 우리를 유혹한다." 이창배 수필가는 여름의 산을 산의 청춘에 빗대었다.

"6월의 산이 갖는 아름다움은 그것대로의 특유한 매력이 있다...가을의 산에서 보는 으뜸가는 아름다움이 단풍인 것과 같이 6월의 산에서 보는 장관은 녹음이다...6월의 산에서 생명을 체험하는 것과는 대조적으로 봄과 가을의 산에서는 미美를 체험한다 할 수 있으리라. 푸른색은 생명의 상징이다. 그래서 생명력이 가장 왕성한 젊은이들을 청춘이라고 하는 것은 너무나 당연하고, 동서고금에 통하는 말이다. 그렇게 생각하면 6월의 산은 산의 청춘이고, 그 녹음은 생명력의 발산이다. 속에서 타는 뜨거운 생명력을 그렇게 일시에 내뿜고 있으니 인간이 그 속에 있어서 취해버리지 않을 수 있겠는가."

— 이창배, 「유월의 산」 중에서

그러니 이번 여름에도 더위 식히러, 풍성한 푸른 옷차림으로 왕성하게 우리를 유혹하는 산을 찾는 사람들에게 당부하고 싶다.; "친밀한 우리의 벗", 산에 대해 좀 더 겸손하고 좀 더 겸허하게 다가가면 좋겠다고.

"어떤 이는 '산이 거기 있어 산에 간다' 하고, 어떤 이는 '산은 오르는 것이 아니라 바라보는 것'이라 한다. 어떤 이는 산에서 마을을 그리워하고, 어떤 이는 마을에서 산을 품는다. 각자 나름의 방식대로 산을 안고 살아가면서 인간은 오늘도 입산과 하산을 거듭한다."

— 구미래, 「입산과 하산」 중에서

구미래 작가가 그렸듯이, "거기 있어" 산에 가는 사람들은 산을 오르는 게 아니라, 산을 바라보며 산을 좀 더 존중할 필요가 있을 것 같다. 특히 평소에 등산을 즐기는 사람들뿐만 아니라, 이번 여름에 산을 찾는 사람들은, 청록의 아름다움과 함께 피서의 즐거움을 안겨주는 산에 특별한 고마움을 느낄 줄 알아야 할 것이다. 더 나아가 허강욱 수필가가 쓴 것처럼, 산에 오르며 수도승 같은 마음가짐으로 자신을 새롭게 되돌아보는 계기를 만들 수 있으면 더욱 좋겠다.

"산은 모든 생명의 근원이다...산은 세상의 모든 사람의 허물을 포용한다. 산에 오르면 악한 마음도, 미워하고 시기하는 감정도 씻어진다. 모두가 마음이 맑아지고 지혜가 샘솟는 선사禪師가 된다. 우리는 산과 친하되 산을 두려워할 줄 알아야 한다. 산을 정복한다는 말은 못난 인간들의 오만이다. 입산할 뿐이다. 수도승처럼..."

― 허강욱, 「등산과 인생의 길」 중에서

2부

세상에서 단 하나뿐인 음반

—

"수녀님의 시구詩句처럼, '틈새의 침묵을 맛 들이고,
때를 기다릴 줄 알면서, 즐겁게 노래하는 마음으로
삶의 길을' 걸어가려고 애쓰고 있다."
— 「합창」 중에서

2월

 시인들이 자주 노래하듯이, 2월은 참 착한 달이다. 1월은 새해를 맞이하는 달이라 사람들에게 사랑받고, 3월은 추운 겨울이 끝나고 따뜻한 봄이 시작된다고 사랑받는 달이다. 그러다 보니 1월과 3월 사이에 낀 2월은 위축될 수밖에 없다. 게다가 2월은 1년 중 날 수가 가장 적은 달이라 더욱 그렇다.
 하지만 2월은 추운 겨울과 따뜻한 봄을 이어주는 징검다리로, 없어서는 안 될 달이다. 매화꽃, 산수유부터 시작해서 목련과 개나리, 진달래, 철쭉 같은 봄꽃의 시작을 알리는 달이기도 하다. 2월은 부족하고 모자란 듯하지만, 다른 달을 위한 배려에 넘치는 달이다. 여러모로 부족해도 남을 위한 배려의 삶을 살아가는, 2월 같은 사람들이 있기에 세상은 참 살 만하다는 생각을 자주 한다.

오랫동안 교직에 몸담다 보니 2월은 언제나 특별한 느낌으로 다가오는 달이다. 긴 겨울 방학이 끝나가는 계절, 곧 다가올 3월이 되면, 한 학년씩 오른 학생들의 성장한 모습을 떠올리며 기다리는 달이기 때문이다. 여름방학이 끝나고 가을학기를 맞는 8월도 특별한 달이지만, 2월과는 느낌이 전적으로 다르다. 학기 중간이라는 특성 때문일 것이다.

해마다 2월이 되면, 3월 신학기를 기다리는 시간이 유난히 특별한 느낌으로 다가온다. 3월이 되면 새롭게 대학 생활을 시작하는 학생들 못지않게, 한 학년 진급한 학생들의 달라진 모습이 늘 궁금하다. 이번 겨울 방학은 어떻게 지냈을까? 자신의 앞날을 생각하며 어떤 준비를 해 왔을까? 등등, 궁금한 점이 한둘이 아니다.

세월의 흐름과 함께 학생들의 사고방식과 생활방식은 적지 않게 달라져 왔다. 그럼에도 예전 학생들이건 지금의 학생들이건, 3월을 기다리며 2월을 보내는, 교단에 서 있는 내 느낌은 전혀 달라지지 않았다.

긴 겨울 방학 동안 조용한 캠퍼스 곳곳에 봄꽃들이 하나둘씩 순서를 기다리며 시야에 들어온다. 계절의 변화를 느끼면서 새 학기를 준비하는 내 마음은 설렘의 연속이다.

피교육자들인 학생들이 어떤 식으로 방학을 보내었건, 한결같은 설렘 속에서 다시 맞이할 그들을 기다린다.

방학을 마치고 돌아오는 학생들뿐만 아니라, 2월이면 캠퍼스를 완전히 떠나는 학생들과의 이별 또한, 평소와는 다른 느낌을 안겨 준다. 대학마다 날짜는 다르지만, 대부분 2월 말은 졸업 시즌이다.

졸업식 날이 되면 특히 대학교수가 갖는 느낌은 특별하다. 대학이라는 특수성 때문에 졸업식의 풍경은 학생들의 취업 상황과 직결될 수밖에 없다. 물론 고등학교 경우에도 명문대학 입학이 확정된 학생들과, 고만고만한 대학에 입학한 졸업생은 말할 것도 없고, 대학 입학시험에 실패한 학생들이 섞인 졸업생 풍경이 마냥 즐거운 것만은 아닐 것이다. 그래도 고등학교 경우, 졸업생들이 어쩌면 마지못해 졸업식에 참석해야 할 경우가 많겠지만, 대학은 그렇지 못하다. 취업에 실패하거나, 내로라하는 직장에 취업하지 못한 졸업생들은 아예 졸업식장에 참석하지 않는다. 40년의 세월 동안 한결같은 모습을 보아 왔다. 졸업 시즌이 되면, 제자들의 취업 여부로 말미암아 기쁨과 안타까움을 동시에 느끼며 2월을 보내게 된다.

해마다 2월, 졸업 시즌이 되면, 학생들이 한 명도 빠짐없이 행복한 졸업식을 맞이하면 얼마나 좋을까 하는 소망으로 하루를 보내게 된다.

  지난 2월 초순 어느 날, 모처럼 겨울 바다를 찾았다. 파도가 밀려오는 백사장을 걸으며, 내게서 배움을 받은 학생들, 다시 배움 속에서 만나게 될 학생들의 얼굴을 떠올렸다. 2월의 바다는 쓸쓸하고 외롭다. 하지만 곧 그 겨울 바다에 사람들의 발걸음이 잦아질 때쯤이면, 여기저기서 새로운 시작의 기쁨으로 질러대는 환성이 들릴 것이다. 졸업식 때까지는 취업이 되지 못했지만, 곧 취업으로 기뻐하는 그들의 웃음소리가 2월 바다의 파도 소리에 실려 들려오는 것 같았다.

  긴 겨울 방학을 끝내고 다시 캠퍼스로 돌아와, 내게 청춘의 아름다움을 느끼게 해 줄 그들의 환한 얼굴 모습이, 2월 바다 결에 누워 있는 모래사장 위에 새겨졌다. 2월 바다에, 불확실한 미래를 걱정하며 다시 캠퍼스를 찾은 그들의 앞날에 무지갯빛 미래만 펼쳐졌으면 하는 소망을 실어 보내었다.

  지난해 6월, 뉴에이지 작곡가 조지 윈스턴이 유명을 달리했다. 우리나라에도 여러 차례 방문하여 순회공연을 가진 바 있어, 우리에게도 친숙한 음악인이다. 1996년 그래미상 최우수 뉴에이지 앨범상을 받은 인기 작곡가였다. 〈12월〉 앨범은 3백만 장 이상이 판매되었고, 〈겨울과 봄 사이(Winter to Spring)> 앨범은 백만 장 이상의 판매고를 올릴 정도로 인기를 끌었다.

조지 윈스턴 작품 중에 특히 <겨울과 봄 사이> 앨범에 수록된 <♪2월의 바다♪>를 참 좋아한다. 해마다 2월이 되면 한 번쯤은 듣게 되는 곡이다. 선율의 아름다움은 두말할 것도 없고, 조지 윈스턴이 태어난 달이기도 한, 2월의 노래이기 때문이다. '2월'의 바다 분위기, 얼굴에 아직 찬 바람이 스쳐 지나가는 겨울 바다, 인적 드문 겨울 바다가 자연스럽게 연상되는 곡이기 때문이기도 하다.

2월 바다, 저 너머 수평선을 바라보며 조지 윈스턴의 <♪2월의 바다♪>에 귀를 기울였다. 그리고 젊은 그들을 생각하며 외쳤다.

"그래, 모두 잘될 거야. 2월은 너희들에게도 참 살 만한, 희망의 달이야!"

합창

 '버킷리스트'라고까진 말할 수 없지만, 정년 퇴임 후 꼭 하고 싶었던 일 중 하나가 합창단 활동이었다. 직장 생활에 얽매다 보니 오랫동안 마음속으로만 열망을 간직하고 있었다.
 평소 음악을 좋아했다. 그런 만큼 음악에 관련된 것을 배우고 싶은 열정은 언제나 가슴속에 품고 있었다. 음악을 좋아하는 것과 음악적 자질은 전혀 별개의 일이었다. 50대 초반, 그래도 악기 하나 정도는 연주할 수 있었으면 하는 소망으로, 1년 정도 플루트 개인 교습을 받은 적이 있었다. 1년 가까이 거의 매일 1시간씩 배웠다. 마음만 앞설 뿐 이런저런 핑계로 연습을 게을리하다 보니, 몇 년 안 되어 운지법마저 완전히 잊어버렸다.

  몇 년이 지난 후, 우연히 지인과의 회식 자리에서 소개받아 오카리나를 배우게 되었다. 10여 년 전 일이다. 학교 근처 모 성당 문화센터 강좌의 하나였던 오카리나 강습에 함께하였다. 매주 1회씩 1시간 정도 강습을 받았다. 그러다 안식년을 맞아 1년 정도 해외 체재를 하게 됨에 따라 그만두게 되었다. 4년 정도 배운 게 있어 악보만 있으면 연주는 가능하게 되었다. 그래도 음을 상하로 가늘게 떨어 아름답게 울리게 하는 '비브라토' 기술 구사 수준까진 도달하지 못했다. 다른 사람들 앞에서 자신 있게 연주할 정도는 못 되어 늘 안타까워하고 있다.

  해외를 다녀온 후, 다시 시간을 내어 약 2년 정도 팬플루트에 도전하였다. 마침 그 오카리나 강습 교사가 같은 곳에서 새로 개설한 강좌였다. 역시 매주 1시간씩 배운 게 있어, 악보만 보면 연주가 가능할 정도가 되었다. 불행히도 오카리나 강습 때처럼 '비브라토' 같은 고급 기술 도전엔 실패하였다. 코로나19 시대의 도래로 어쩔 수 없이 강습이 중단되었기 때문이다. 잊어버리지 않으려고 틈틈이 악보를 보고 연습을 하지만, 도무지 실력이 늘지 않는다. 역시 좋아는 하지만 원체 음악적 자질이 모자라다 보니 더 진전이 없다.

연습만 게을리하지 않으면 실력이 향상될 수 있을지 모르겠으나, 아파트라는 주거 특성상 소리 크게 내어 연습할 상황이 안 될 뿐만 아니라, 따로 연습할 공간이 마땅치 못하다는 핑계로 시간만 축내왔다. 플루트 배울 때를 반면교사 삼아 그동안 배운 게 아까워, 그저 잊어버리지만 말자는 심정으로 한 번씩 악보를 끄집어내어 불러 볼 뿐이다.

그러던 차에 악기 연주보다는, 그래도 음악적 자질을 덜 요구할 것 같은 합창에 도전하고 싶은 마음이 생겼다. 목청도 그렇고 노래 실력은 없지만, 음악을 즐길 수 있는 활동일 것이라는 희망 때문에 한 번 도전해 보고 싶었다. 대학 4학년 때, 동아리 1학년 후배들과 중창단을 꾸려 학교 음악 경연 대회에 나가 우승을 차지했던, 멋진 추억을 잊지 못해서이기도 했다. 내가 잘해서가 아니라 다른 일곱 명의 후배들이 워낙 잘해서였다. 하지만 그때, 합창이란 게 혼자선 그리 잘하지 않아도, 악보를 볼 수 있고 소리만 튀지 않게 화음을 맞출 수 있다면, 멋진 음악을 만들어 낼 수 있다는 것을 체득하였다.

그 후 대학원 재학 시 가톨릭에의 귀의와 동시에 1년간 청년 성가대 활동을 했다. 그리고 40대 초반, 성당 성가대에서 2~3년 활동을 하면서 합창에 더욱 맛들였다. 하지만 직장 생활에 바쁘다는 핑계로 중도에 그만두다 보니 합창의 꿈을 잊고 살게 되었다.

정년 퇴임으로 다소 시간적 여유가 생겼다. 젊은 시절 꾸었던 꿈을 되살리고 싶은 마음이 들었다. 한때는 정년 퇴임하는 그해, 대학원에 등록해 음악학 석사학위를 받겠다는 꿈을 꾼 적이 있었다. 그러나 이런저런 사정으로 새롭게 대학원 공부를 하겠다는 꿈은 오래전에 접었다.

집 근처에서 합창단 활동을 할 수 있는 곳은 없을까 하고 인터넷 검색을 했다. 남성 합창단보다는 혼성 합창단, 실버(silver) 합창단보다는 좀 더 젊은이들로 구성된 합창단을 찾고 싶었다. 검색 결과, 제법 역사도 깊고 정기연주회 경험도 많은 합창단을 발견하고, 거기 적힌 단장 전화로 연락을 취했다.

전후 사정을 알아보니 나이 제한이 있었다. 그 와중에 그 합창단 단장을 역임하였던 분이 새로 합창단을 창단하였다는 소식을 들었다. 중·장년 나이의 단원을 모집 중이었다. 바로 지금 활동하고 있는 합창단이다. 일반 합창단과 달리 중·장년의 나이에 걸맞은 여러 가지 문화 활동도 함께 즐길 수 있는 멋진 합창단이었다. 세계적인 명문 음악원 출신의 실력 있는 지휘자와 반주자, 연주기획 전문가인 단장의 뛰어난 리더십, 삼박자를 고루 갖춘 합창단이라 무척 신뢰감이 들었다. 게다가 멋진 연습 장소는 덤이었다.

이런 연유로 2022년 11월 합창단에 가입한 뒤, 매주 목요일 저녁에 합창 연습을 하고 있다. 좋은 노래들을 배우며 합창단 활동을 하다 보니, 삶의 활력을 새롭게 느끼게 되었다. 더구나 합창 연습 1시간 전, 성악 교실을 통해 '노래하는 법'을 배우는 행복 또한 작지 않다. 그러다 보니 매주 목요일은, 1주일 중 가장 기다려지는 날이 되었다.

목소리마저 '비브라토' 또는 '바이브레이션' 기술은 물론이고, 호흡 조절 기술이 아직도 한참 부족한 게 사실이지만, 그나마 노래를 좋아하니 합창은 내게 참 좋은 취미임에 틀림이 없다. 나 혼자서는 잘하지 못해도 다른 사람들과 화음만 잘 맞추면 되기 때문이다.

매주 목요일 저녁, 화음을 맞추며 음악의 아름다움에 젖어 듦과 동시에 인생을 배우고 있다. 이해인 수녀의 「합창을 할 때처럼」 시 구절이다.

"...합창을 할 때처럼/ 다른 사람들을 존경하고/ 그들의 소리와 행동에 귀 기울이는/ 사랑의 인내를 실천하게 해 주십시오/ 합창을 할 때처럼/ 틈새의 침묵을 맛들이면서/ 때를 기다릴 줄 아는 겸손을 배우게 해 주십시오/ 그리고 무엇보다/ 즐겁게 노래하는 마음으로/ 삶의 길을 걷게 해 주십시오.//"

이해인 수녀의 시구詩句처럼, "틈새의 침묵에 맛 들이고, 때를 기다릴 줄 알면서, 즐겁게 노래하는 마음으로 삶의 길을" 걸어가려고 애쓰고 있다.

세상에 둘도 없는, 멋진 여행이었다!

지난해(2023년) 10월 어느 토요일, 내가 몸담은 합창단에서 '팜(농원) 음악회' 공연 여행을 다녀왔다. 아주 특별한 여행이었다. '장독대 사이'라는 독특한 공연 무대 덕분이었음은 두말할 나위 없다. 고즈넉한 시골에 자리한 그 팜(곧 농원)은, 우리나라 전통음식인 고추장, 된장, 간장 등을 만드는 곳이었다. 전통음식을 만드는 곳이라는 매력에다 주변의 멋진 자연환경 덕에 전국적으로 이름난 곳이었다. 방문객들이 직접 장을 담그는 체험활동도 한다고 했다.

그런 만큼 농원 마당에 질서 있게 행렬 지어 놓여있는 수백 개의 장독 풍경이 아주 인상적이었다. 게다가 농원 주변을 노랗게 물들인 황금 들녘의 장관은 말할 것도 없고,

온실 내에 빨갛게 익어 줄줄이 매달려 있는 고추 등은 가을 풍취를 한결 더 분위기 있게 만들어 주었다.

그날 공연이 특별했던 까닭은, 청중들의 특별함 때문이다. 선약된 날에 체험활동을 위해 우연히 자리에 함께한 이십여 명의 방문객들을 말하는 게 아니다. 무엇보다 특별한 청중들은 농원 마당에 진열되어 있던 장독들이었다. 노래도 따라 할 수 없고 박수갈채도 보낼 수 없는 그들이었지만, 아마 그들에게도 우리 공연은 특별한 경험이었을 것이다. 우리에게 무대가 되어 주기도 했던 그 특별한 청중들에게도 잊을 수 없는 하루가 되었을 것이다.

농원 주인 내외는 가끔 장독들을 위해 녹음된 음악 소리를 들려준다고 한다. 음악 소리는 그 품속 된장이나 소금, 간장 등에 필요한 생명과 영양을 공급하는 데 도움이 되어 준다고 한다. 그런 녹음된 음악에 젖어있던 차에, 어느 가을날 우연히 자신들을 찾아준 방문객들이 들려주는 멋진 생음악을 들을 수 있었으니, 얼마나 좋았을까?! 무슨 영문인지는 몰라도, 바로 그들 곁에서, 그들 사이에서 아름다운 피아노 반주와 함께 생음악으로 들려오는 합창 소리에 더욱 신이 났을 것이란 생각이 들었다. 약간 흐리긴 했지만, 그래도 청명한 가을하늘에 울려 퍼지는 사람들의 합창 소리에 참 좋았을 것이다.

단체 여행일 경우, '어디로'도 중요하겠지만, '누구랑 함께'하느냐에 따라 여행의 의미가 달라진다. 합창단원들은 모두 중·장년에 들어선 분들이다. '노래 부르기'를 좋아해서 모인 만큼, 각자 하는 일, 해온 일들이 다르다고 해도 감성적인 면에서는 적지 않은 공통적인 감성들을 지니고 있으리라는 생각이 든다. 그러니 어느 정도 나이 든 단원들 각자의 마음들은 한결같이, 도심 연습장 모임이 아닌, 모처럼의 바깥나들이에 무척 설레고 행복했으리라는 생각이 든다. 오랜만에 10대 소년, 소녀 감성에 젖어 든 하루가 아니었을까. 국내외를 막론하고 여태껏 숱한 여행을 경험한 나에게도 마찬가지로 특별한 여행이었다. 아름다운 인연으로 길동무가 되어 준 그분들과 소중한 추억의 한 페이지를 함께 나눌 수 있어 행복했다.

농원 방문에다 저녁 늦은 귀갓길 버스 속에서 TV로 방영되던, 2022 항저우 아시안 게임의 야구, 축구 결승전을 함께 시청한 날이었기에, 이날은 내 기억 속에 더욱 크게 자리매김할 것이란 생각이 든다.

여행의 묘미는 뭐니 뭐니 해도 여행 중에 경험하는 의외성에 있을 것이다. 내게 그 여행이 더욱 특별했던 까닭은, 공연 중에 겪었던 뜻밖의 사고(?) 덕분이 아니었을까 한다. 모처럼 나들이의 설렘이 너무 컸던 탓일까? 장독 무대의 낯선 환경 때문이었을까? 합창곡 중 2절을 노래하는데 남성 파트 단원들의 목소리가 잠시 실종되어 버렸다. 그동안 연습 때는 물론이고, 공연 전 리허설 때도 없었던 실수였다. 무대 공연에선 결코 있어서는 안 될 일이었다. 방문객들은 물론이고 우리 공연의 주된 청중이었던 장독들은 우리 실수를 눈치채지 못했을 수도 있을지 모르겠다. 하지만 이 뜻밖의 사고는 나에게 많은 것을 생각나게 했다.

노래 중, 주 멜로디를 이어가야 할 남성 성부의 소리가 갑작스럽게 실종된 사건. 대신 여성 성부 단원들이 겨우 화음을 만들어 가는 묘한 사고…. 테너 성부를 맡은 나에게도 잊을 수 없는 경험이 되었다. 무대 공연 경험 부족이리라. 멜로디와 가사를 다 외우고 있으면서도 소리를 내지 못한 나의 큰 실수도 한몫한 것 같아 낯이 뜨거워졌다. 내 곁에 있던 장독은 내 귓불이 붉어짐을 보고 슬며시 미소 지었을 것이다.

학창 시절 읽었던, 피천득 선생의 「수필」이란 작품이 떠올랐다.

"덕수궁 박물관에 청자연적이 하나 있었다. 내가 본 그 연적은 연꽃 모양을 한 것으로, 똑같이 생긴 꽃잎들이 정연히 달려 있었는데, 다만 그중에 꽃잎 하나만이 약간 옆으로

꼬부라졌었다. 이 균형 속에 있는 눈에 거슬리지 않는 파격이 수필인가 한다."

그 글은 물론 수필의 문학 양식을 뜻하는 글이지만, 공연 중의 그 경험은, 꼬부라진 연꽃 모양의 연적을 통해 수필이 완성되는 것처럼, 창단공연을 앞둔 우리 합창단을 더욱 완성의 길로 이끄는 데 필요했던, 예방주사 같은 실수가 아니었을까 하는 생각이 들었다.
 '팜 음악회' 공연 여행은 그야말로 세상에 둘도 없는, 멋진 여행이었다! 앞으로도 오랫동안 해마다 가을이 되면 문득문득 떠오르게 될 10월의 멋진 추억이 될 것 같다.

두 번째 농원 음악회

  배산임수背山臨水, 등질 배背에 내려다볼 림/임臨으로 조합된 단어이다. 산을 등지고 물을 내려다본다는 뜻이다. 예로부터 풍수지리상의 명당으로 여겨진 지형이다. 2024년 10월 26일, 배독임산背甕臨山, 곧 장독을 등지고, 먼 산을 바라보는 특별한 무대에서 두 번째 농원 음악회에 출연하였다. 배산임수와는 다른 분위기이지만, 산 대신 된장, 고추장 만드는 장독을 등지고 먼 산을 바라보며 노래하였다. 특별한 추억으로 남을 만한 무대였다.

  지난가을에 이어 경남 고성의 '콩이랑농원'에서 내가 몸담은 합창단에서 가진 두 번째 공연이었다. 나름대로 합창단원들의 마음에 힐링을 주기엔 모자람이 없는 공연이 아니었나 싶다. 중간에 바이올린 반주와 미리 준비한 음원, 곧 MR(music recorded)을 곁들인 팝페라 독창과 색소폰 연주도 겸한 공연도 있었지만, 무대의 주연은 아무렴 우리 합창단의 공연이었다.

농원 측에서 초청한 50~60명의 청중이 자리했다. 몇 개월 동안 매주 목요일 함께 모여 준비한 8개의 곡을 노래했다. <♪할아버지 시계♪>와 같은 미국 민요, <♪Hey Jude♪> 같은 팝송, <♪광화문 연가♪> 같은 70~80세대 가요들로 이루어진 8개 곡으로 무대를 꾸몄다. 앵코르로 <♪우리의 사랑이 필요한 거죠♪> 곡으로 마지막 무대를 장식하였다.

화창한 가을 날씨였다. 눈부시게 푸른 하늘과 가을 산, 이제 막 가을걷이를 끝낸 가을 들녘이 눈앞에 펼쳐져 있는 자연환경 속에서 노래하는 느낌은 정말 남달랐다. 물론 지난해 장독대 사이에서 펼친 공연과는 느낌이 달랐지만, 배독임산의 잔디밭에서 가진 공연 또한 인상적이었다.

가을 같지 않은 따가운 햇살을 온 얼굴에 맞으며, 노래하는 단원들의 행복한 모습이 보기 좋았다. 예술성 질은 가요를 포함해, 단원들 또래의 중·장년 세대의 감성에 맞는 멋진 선곡을 특징으로 하는 우리 합창단 공연답게 청중들의 호응도 좋게 느껴졌다.

공연 중간에 여성 단원들만이 노래한 ABBA 그룹의 <♪

Dancing Queen♪〉과, 단원 모두가 청중들과 어울려 춤추며 노래한 가요 〈♪찐이야♪〉도 좋았다. 마이크 사정으로 〈♪Dancing Queen♪〉을 노래할 때 열심히 준비한 여성 단원들의 소리가 잘 들리지 않는다든지, 공연 전반적으로 미숙했던 음향 조정이 옥에 티라고 할 수 있었지만, 그러면 어떤가?! 우리 스스로가 그동안 이번 공연을 위해 보내었던 시간에 대한 보답치고는 나쁘지 않았다.

공연을 마치고 차를 함께하며 "오늘 공연에 몇 점을 줄 수 있겠는지요?" 하고 지휘자께 여쭈었다. 5점 만점에 4점이란다. 물론 나름대로 후한 점수라는 생각이 든다. 그동안 열심히 준비한 것을 생각하면 나머지 1점이 아쉬웠다. 우리 탓이 아니라 음향 조정 문제와 어수선한 공연장 분위기가 1점을 깎아 먹었다고 치부하지만, 4점이 어딘가? 공연 후반부로 들어갈수록 공연장을 제압하는 우리들의 준비된 노래가 제자리를 잡았던 것만으로도 만족한다고 칭찬해 주셨다. 그럼 된 것 아닌가? 우리는 국립 합창단, 시립 합창단 소속이 아니지 않는가?

다른 합창단은 꿈꿀 수도 없었던, 그런 두 번째 특별무대에 섰다는 것만으로도 우리 스스로 힐링이 되면 그로 족한 게 아니겠는가? 지난해와 마찬가지로, 올해도 이번 공연을 위해 동분서주, 온정신을 다하는 단장의 모습이 안쓰러웠다. 한 단체를 이끌어간다는 게 여간 신경이 쓰이는 일이 아닐 것이다. 특히 지난해나 올해나 사돈이 운영하는 농원이 아닌가? 사돈 관계, 그리 쉬운 관계는 아니기 때문에 더욱 그랬을 것이다.

지난해보다 더 많은 신경을 써 이번 공연을 준비한, '콩이랑농원' 대표 부부의 정성이 정말 고마웠다. 현수막은 물론이고 드론 촬영까지 준비하였다. 우리가 노래 연습하는 동안 대표께서는, 청중 모집에서부터 이날의 무대를 어떻게 꾸밀 것인지 수개월 동안 얼마나 고심하였을까? 공연에 참석한 청중들을 위한 점심과 차 대접은 물론, 선물 꾸러미까지 챙겨주시는 그 정성에 감복하였다. 게다가 우리 단원들에게는 청중들보다 곱절로 많은 된장, 고추장, 쌈장 꾸러미를 선물해 주셨다. 그 마음이 참으로 고마웠다.

지난해 공연에서 어느 한 곡을 노래하는 도중, 남성 목소리가 실종된 사건이 있었다. 올해는 무사히 넘어가려나 하고 생각했는데, 올해도 어떤 곡을 노래하는 도중 정확히 7초, 공연 도중에 갑자기 노래가 실종되는 작은 실수가 있었다. 단장의 기지로 노래가 계속되었다. 청중들은 눈치를 채지 못했을 것이다. 하지만 이렇게 공연 중에 벌어지는 작은 실수는, 그 자체로 아름다운 추억으로 남을 것이다. 농원 음악회 같은 특별한 무대 공연은 항상 그런 뜻밖의 일들이 일어날 수 있는 개연성을 지니는 것 같다. 그럼에도 항상 그런 의외성이 우리에겐 더욱 각별한 추억으로 남는 듯하다.

공연이 끝나고 갖는 자유 시간 동안, 모처럼 소년 소녀 감성에 젖어 농원 이곳저곳을 배경으로 사진을 찍어대는 단원들의 모습, 귀갓길 횟집에서 가진 즐거운 저녁 식사, 모처럼 화창한 가을 날씨 등은 이번 공연에 곁들어진 멋진 양념으로 단원들 각자 마음속에 깊이 새겨질 것이다.

"허전하네요."-귀가 버스에서 어느 여성 단원이 내게 한 말이다. 1980년 MBC 대학가요제에서 그룹 '샤프'가 불러 은상을 수상한 노래가 있다. 이른바 <♪연극이 끝난 뒤♪> 곡이다. 연극이 끝난 뒤 텅 빈 객석을 바라보는 공연자의 모습을, 중독성 있는 멜로디로 잘 표현한 곡이다. 공연이 끝나면 공연 참가자들은 누구나 허전함을 느낄 것이다. 준비 기간이 길면 길수록, 공연 후의 그 허전함은 더욱 크지 않을까 한다.

아무렴, 5점 만점에 4점 공연이면 어떤가? 5점 만점에 3점이라도 좋다. 경남 고성의 '콩이랑농원 음악회'에 참여한 우리 모두의 2024년 10월 26일은, 참 멋진 시월의 마지막 토요일이었다.

표절

　예전에는 저작물 보호에 대한 개념이 없었지만, 요즈음은 법으로 저작권을 보호하고 있다. 잘 알려져 있듯이 우리나라 저작권법에 따르면, 저작권은 저작자 사후 70년까지 보호된다. 저작물에 대해 적절한 인용 표시나 작가의 허락 없이 무단으로 전재하거나 베껴 사용하면 저작권법에 위배된다.

　다른 분야도 마찬가지이겠지만, 학자들에게 있어 연구의 진실성은 대단히 중요하다. 그럼에도 불구하고 젊은 학자들이 종종 데이터를 조작하여 거짓 논문을 발표하여 세계적인 명성을 얻다, 훗날 조작이 밝혀져 하루아침에 나락으로 떨어지는 경우도 적지 않다. 때로는 명예욕 때문에,

때로는 임용이나 승진에 부합되는 요건을 맞추기 위해, 논문을 조작한다. 학자들에게 있어 데이터 조작 못지않게 심각한 윤리위반 문제는 표절이다.

가끔 다른 저자들이 이미 발표한 논문을 짜깁기하여, 버젓이 자신의 논문인 양 발표하여 학계에 파문을 일으키는 경우가 적지 않다. 다른 저자의 논문을 적절한 인용 표시 없이 발췌하는 것도 표절이지만, 자신의 기발표된 논문을 적절한 인용 표시 없이 중복으로 발표하는 것도 심각한 표절 행위에 해당한다. 이른바 자기 표절이다.

비단 학자들뿐만 아니라 학생들의 보고서도 마찬가지이다. 학생들이 제출하는 과제물을 보면, 남의 보고서를 전체 혹은 부분을 베낀 뒤 이름만 바꿔 자신의 보고서인 양 제출하는 경우를 가끔 발견하게 된다. 나아가 책이나 인터넷에 올려진 자료들을 적절한 인용 없이 자신이 직접 작성한 것처럼 제출할 때도 적지 않다. 이 모두가 다 표절에 해당한다. 그러니 대부분 대학교에서는 학기 초 첫 수업에 항상 표절에 대한 강의를 의무적으로 한다.

논문뿐만 아니라 문학이나 음악, 미술 등 예술 작품 또한 철저히 저작권이 보호된다. 상당한 시간과 재능을 기울여 발표된 예술 작품인 만큼, 작가들의 지적 창의성은 당연히 존중되어야 하고, 법적으로도 보호되어야 함은 물론이다.

그렇지만 저작권이 법으로 보호되기 전의 관행 때문인지 종종 표절이 사회문제화될 때가 적지 않다.

2008년, 인기 작가였던 신경숙이 쓴 소설『엄마를 부탁해』는 베스트셀러에 들 만큼 선풍적인 인기를 끌었었다. 모녀 이야기로, '너'가 화자로 등장하는 꽤 인상적인 소설이었다. 하지만 7년이 지난 후, 소설 속의 다수 문장이 1950년, 독일 여류작가 루이제 린저가 발표한『생의 한가운데』를 표절한 것으로 밝혀져 사회적 물의를 일으킨 적이 있었다.

음악 저작물도 예외가 아니다. 2022년 여름, 작곡가 겸 가수였던 유희열의 노래 두 곡이 일본의 저명한 작곡가 사카모토 류이치의 노래를 표절했다는 의혹이 불거져 사회문제가 된 적이 있었다. 다행히도 원작자가 "모든 창작물은 기존 예술에 영향을 받는다."며, 법적 조치 없이 유희열의 작품에 행운을 빌어줌으로써 표절 문제가 일단락되었다.

사실 음악은, 원래 존재하던 음악이 바탕이 되어 새로 창작되는 음악이 많다 보니, 비슷하게 들린다든지, 어디서 들어 본 적이 있는 곡이라든지 하는 느낌이 들게 하는 경우가 적지 않아 표절 문제를 법적으로 따지기가 쉽지 않다고 한다. 때문에, 서양 음악사에서 배웠듯이, 베토벤 같은 세기의 음악가들도 초기 음악엔 그전 음악가였던 바흐나

헨델의 곡을 바탕으로 작곡한 곡들이 적지 않다. 하지만 음악의 특성을 고려하여 어느 정도 곡 간의 유사성을 고려하더라도, 예전에는 저작권이 법으로 보호되지 않았으므로, 우리가 모르는 가운데 실제 표절곡들도 적지 않으리라는 생각이 든다.

가수이자 싱어송라이터인 박진영 같은 경우는, 그 유명세에 걸맞게, 그가 작곡하거나 프로듀싱(producing)한 열 곡이 넘는 곡들이 표절 시비에 휘말렸다. 거의 20년 가까운 세월 동안, 뮤지션(musician)으로서의 성공 뒤안길에서 항상 그런 논란의 중심에 서 있었다는 것도 아이러니하다.

최근에 내가 몸담은 합창단의 합창곡으로 전인권의 〈♪걱정말아요 그대♪〉를 노래했다. 서정적인 멜로디가 밝고 경쾌하여 듣기 좋다. 인생을 노래하는 듯한 가사도 의미 있다. "♪아픈 기억들…가슴에 묻어 버리고…함께 노래하며♪", "♪지나간 것은 지나간 대로 후회 없이 꿈을 꾸었다 말♪"하자고 하는, 가사가 실로 삶의 깊은 지혜를 가르쳐 주지 않는가?

하지만 사실 이 곡은 독일 Bläck Fööss 그룹의 〈♪Drink doch eine met♪〉(1971년)를 표절했다. "함께 술 마시자."라는 일종의 권주가라 볼 수 있는 곡이다. 2017년의 일이다. 노래를 불렀던 전인권이 작사, 작곡한 것으로 되어 있다.

표절 문제가 불거졌을 때, "40년 인생을 걸고 떳떳하다."고 발뺌했지만, 원곡을 들으면 100% 표절이다. 원 저작자와 합의가 되어 그나마 요즈음 우리 모두 즐겨 노래하고 있어 정말 다행이다.

곡은 표절이지만, 가사만은 정말 한 편의 시처럼 멋진 점은 인정해야겠다. 노래를 함께 부르다 보니, "지나간 것은 지나간 대로", 모두 "의미가 있을"지니, "새로운 꿈을" 꾸면서 멋진 내일의 삶을 살아가야지 하는 생각이 든다. 분명히 표절이지만, 원작자의 인정으로 결과적으로는 표절 문제가 도의적으로나 법률적으로 해결된 셈이니, 그 노래를 부르는 우리 마음도 자유로워져 기쁘다.

가곡 가사에 대한 단상(斷想)

"♪얼마나 많은 길을 걸어야/ 한 사람의 인간이 될 수 있을까./ 얼마나 많은 바다 위를 날아야/ 흰 갈매기는 사막에서 잠들 수 있을까./ 얼마나 더 많이 머리 위를 날아야/ 포탄은 지상에서 사라질 수 있을까./ 친구여, 그 대답은 바람만이 알고 있지./ 바람만이 알고 있지.//♪"

이제는 너무나 유명해진 밥 딜런의 〈♪바람만이 알고 있지♪〉란 노래 가사이다. 2016년 포크록 가수 겸 싱어송라이터였던 밥 딜런에게 노벨 문학상 수상이 결정되자, 문학계에서는 심상찮은 반론이 제기된 적이 있었다. 탁월한 문학인들이 많은데 왜 대중가수에게 문학상을, 그것도 노벨상 수상이 합당한가 하는 반론이었다. 노벨상을 선정하면서 스웨덴 한림원은 그의 노래에 대해 "귀를 위한 시"라고 극찬하였다. 대중음악보단 클래식 음악을 선호하던 나도 당시 그의 수상 소식에 고개를 갸우뚱했다. 하지만 그의 노래들을 음미하다 보면, 멜로디를 떠나 시적인 가사로, 시대를 선도하는 문학의 힘만큼 강한 영향력을 발휘해 왔음을 쉽게 알아챌 수 있다. 그러니 이제는, 제2차 세계 대전을 통해 "역사적 글과 전기적 글에 있어서 보여준 그의 탁월함과 인간의 예의에 대해 행한 많은 훌륭한 연설로 인해" 노벨 문학상을 받은 윈스턴 처칠보다는 더 타당한 수상자로 여겨질 만하다.

대중가요 분야에서는 많은 싱어송라이터가 활동하고 있다. 그들의 노랫말들 또한 멜로디의 아름다움에 못지않게 시적일 경우가 적지 않다. <♪이젠 그랬으면 좋겠네♪>를 쓴 조용필이나, <♪그대 그리고 나♪>를 쓴 소리새 등이 좋은 예가 되겠다. 최근 합창단 활동을 하면서 여럿 좋은 노래들을 배우고 있다. 노래를 배우면서 가장 인상적인 부분은, 가곡 분야에서도 작곡가가 노랫말도 쓴 노래들이란 점이다.

예전에 배웠던 가곡들은 주로 시인들이 쓴 시에다 곡을 붙여 만든 경우가 대부분이라 할 수 있다. 한국 가곡뿐만 아니라 서양 가곡들도 마찬가지가 아닌가 한다. 학창 시절 교과서를 통해 배웠던 주옥같은 가곡들이 대부분 그렇다. 가령 <♪가고파♪>는 이은상의 시에 김동진이 곡을 썼고, <♪그네♪>는 김말봉의 시에 금수현이 곡을 붙였다. 그런가 하면 <♪겨울 나그네♪>는 빌헬름 뮐러의 시에 슈베르트가 곡을 붙였으며, 베토벤 <♪환희의 송가♪>는 프리드리히 실러의 시에 붙인 곡이다.

그런 만큼, 클래식 분야에서 싱어송라이터는 쉽게 볼 수 없었다. 합창단 활동을 하면서, <♪인생♪>, <♪시간에 기대어♪>, 그리고 <♪첫사랑♪> 세 곡의 가곡을 배우게 되었다. 이 노래들을 배우면서 멜로디의 아름다움은 물론이고, 작곡가가 바로 싱어송라이터임을 알게 된 것은 새로운 체험이었다. 자신의 곡에, 시인보다 더 시인 같은 솜씨로 아름다운 노랫말을 얹은 작곡가들의 놀라운 재능에 엄지손가락을 치들 수밖에 없다. 노랫말에 담긴 사유 깊은 철학적 의미가 보통 솜씨가 아니다. 유명 시인의 시에 노래를 붙인 <♪가고파♪>나 슈베르트의 <♪송어♪> 같은 가곡을 부르며 자라온 우리 세대의 생각으로는 과히 혁명적인 발전이 아닌가 하는 생각이 들 정도이다. 요즈음 합창곡으로 연습하는 위 노래들을 부르다 보면, 밥 딜런이 왜 노벨 문학상 수상자 자격이 충분한지 이해할 수 있을 것 같다.

가곡 <♪인생♪>에 대해서는 다른 글(『하늘빛 미소』, 270쪽)에서 다룰 것이므로 이 글에서는 생략하고, 최진 작사, 작곡의 <♪시간에 기대어♪>와 김효근 작사, 작곡의 <♪첫사랑♪>의 가사만 살펴보자. 누구나 시적인 아름다움을 느낄 수 있을 것이다.

"♪저 언덕 넘어 어딘가/ 그대가 살고 있을까/ 계절이 수놓은 시간이란 덤 위에/ 너와 난 나약한 사람/ 바람이 닿는 여기 어딘가/ ... / 연습이 없는 세월의 무게만큼 더/ 너와 난 외로운 사람/ 설움이 닿는 여기 어딘가/ ...그리워하고 또 잊어야 하는/ 그 시간에 기댄 우리/ ...사랑하오 세상이 하얗게 져도/ 덤으로 사는 반복된 하루가/ 난 기억하오 난 추억하오/... / 그 시간에 기댄 우리//♪"

(《♪시간에 기댄 우리♪》)

"♪그대를 처음 본 순간이여/ 설레는 내 마음에 빛을 담았네/ 말 못 해 애타는 시간이여/ 나 홀로 저민다/ ... / 오늘도 그대만 생각하며 살다/ ...그 마음 열리던 순간이여/ 떨리는 내 입술에 꿈을 담았네/ ... / 내 마음 빛이 되어 그대를 비추라/ 오늘도 그대만 생각하며 살다/ 첫사랑//♪"

(《♪첫사랑♪》)

(주관적 생각이긴 하지만) 밑줄 친 글귀는 참으로 멋진 시어가 아닐 수 없다. 문학 활동을 수십 년 이상 해왔지만, 나보고 시를 쓰라 해도 최진이나 김효근 작곡가보다 더 아름다운 시를 쓸 자신이 없다. 그만큼 노래이기 이전에, 훌륭한 시 작품이라는 생각이다. 가곡 분야에서도, 이렇게 멋진 싱어송라이터들이 속속 아름다운 노래들을 발표하는 현상이 무척 고무적이다.

글라주노프

　러시아의 음악가, 알렉산드르 글라주노프는 상트페테르부르크 음악원의 교수를 거쳐 25년간 원장을 역임하였다. 모스크바 음악원과 함께 러시아를 대표하는 상트페테르부르크 음악원은, 러시아의 역사와 함께 페트로그라드 음악원과 레닌그라드 음악원으로 이름이 변경되기도 했었다. 차이콥스키, 쇼스타코비치, 프로코피예프를 비롯한 세계적인 작곡가들을 배출한 음악원이다. 마리스 얀손스, 발레리 게르기예프, 그리고리 소콜로프 등과 같은 최정상급 지휘자, 연주자들 또한 이 음악원 출신이다. 내가 몸담은 합창단의 지휘자와 반주자 두 분이 모두 상트페테르부르크 음악원 출신이다 보니, 그 음악원과 특히 글라주노프에 대한 호기심이 일었다.

한 음악원에서, 그것도 러시아에서 25년간 원장을 역임했다는 사실 자체가 예사롭지 않게 생각되었기 때문이다. 학교 때 배웠던 러시아 역사를 생각하면 더욱 그렇다. 1917년 러시아 혁명 이전까지는 황제가 다스리는 제정 러시아 시대였다. 니콜라이 2세가 러시아 혁명으로 권좌에서 물러나기까지였다. 러시아 혁명 이후 (구)소비에트 연방공화국(소련)으로 바뀌었고, 이어서 스탈린의 전체적인 공산주의 통치(1927~1953년)가 이루어졌다. 제정 러시아에서 혁명 정권으로, 혁명 정권에서 스탈린의 독재 정치라는 엄청난 정치적, 시대적 흐름 가운데에서도 25년간 음악원장을 역임한 걸 보면, 글라주노프는 정치적 성향이 없는 순수 교육자였을 것이다. 아무리 공산국가라 해도 그리 오랜 기간 한 기관, 그것도 국가기관의 장으로 재직하는 게 결코 쉬운 일이 아닐 듯하기 때문이다. 이것만 봐도 비범한 인물임엔 틀림이 없을 것 같다. 생활면에서는 지독한 애주가이자, 마마보이같이 결혼도 하지 않고 어머니에 매달려 살았다는 부정적인 평가도 있었지만, '러시아 음악의 모범'인 것만은 틀림없는 사실인 것 같다.

글라주노프는 19세기 중엽 러시아의 국민 음악을 확립하기 위해 활동한 작곡가와 평론가들인 국민악파 5인조의 한

명이었던 니콜라이 안드레예비치 림스키코르사코프의 제자였다. 글라주노프는 그가 사랑했던 제자 쇼스타코비치 못지않게 천재적이었다. 16세 때 <교향곡 1번>을 작곡했다. 지휘자로서는 그리 큰 성공을 거두지 못했지만, 24세 땐 파리 만국박람회(EXPO)에서 리스트의 <교향곡 2번>을 지휘하기도 했다고 한다. 다른 작곡가들처럼 글라주노프도 여덟 개의 교향곡을 작곡했다. 하지만 베토벤을 상징하는 '마의 9번 교향곡'을 1악장 스케치만 남겨둔 채 결국 작곡하지 못했다. 1악장 스케치 이후에도 26년간 더 생존했기에, 아마도 9번 교향곡의 두려움 때문에 그랬을 것 같다는 생각이 든다.

글라주노프 음악 중엔, 그가 작곡한 <4계>를 나는 좋아한다. 원래 발레곡으로 작곡되었지만, 발레곡으론 무대에 올려지지 않았다고 한 곡이다. 다른 작곡가(비발디, 하이든, 차이콥스키)들의 <4계> 악장이 모두 봄부터 겨울까지 순서인데 반해, 글라주노프의 <4계>는 겨울에서 시작해 가을로 끝나는 점이 특징이다. 겨울이 긴 러시아의 자연환경 때문일 것이라는 생각이 들었다. 글라주노프의 <4계> 중 <가을>, 그중에서도 <작은 아다지오(Petit Adagio)>를 특히 좋아한다. 처음 들었을 때, 내가 만일 감독이라면 내 영화의 엔딩 크레디트와 함께 사용하고 싶다는 생각이 들 정도였다. 애잔하고 감미로운 선율 때문임은 물론이다.

20세기의 베토벤이라 불리는 천재 작곡가, 드미트리 드미트리예비치 쇼스타코비치에게 글라주노프는 정말 스승다운 스승이었다. 모두가 굶주린 시대에 장학금 혜택 없이는 학업을 계속하기가 힘들었을 때, 쇼스타코비치도 예외가 아니었다. 그의 가족은 추위와 굶주림에서 살아남기 위해 계속해서 빚을 지고 있었다. 하지만 쇼스타코비치의 천재성을 알아보고, 글라주노프는 그에게 장학금 혜택이 돌아가도록 지원해 주기도 했다. 당시 음악원 부원장이 쇼스타코비치에게 주는 장학금을 철회하기로 했다고 말했을 때, 글라주노프는 화를 내며 말했다고 한다. "쇼스타코비치는 우리 예술에 가장 큰 희망이란 말이오." 라며.

쇼스타코비치가 기억하는 글라주노프는, "행정적인 지위에 올랐을 때, 온갖 권력을 동원하여 자기들의 하찮은 작품을 선전하면서, 뛰어난 음악을 질식시키고 매장해버리는 하찮은 건달들"과 달랐다. "평생을 '이데올로기적인 내용'에는 조금도 신경 쓰지 않고, 자기가 진정으로 원할 때 자기가 좋아서 작곡했다. 그렇지만 음악원을 위해서라면 모든 것, 곧 자기 시간과 편안함과 마침내는 자기의 창조력까지 희생시킨" 참 스승이었다. "자기 월급을 가난한 학생들에게 나눠주기도 하고, 학생들을 위한 추천장을 아낌없이 써 주었다." (솔로몬 볼코프, 『증언 – 드미트리 쇼스타코비치 회고록』 참조).

    때로는 학생들을 비롯해 칭찬에 인색해, 상처를 받는 이웃들도 적지 않았다고 하지만, 글라주노프는 자기 제자들의 연주회엔 빠짐없이 참석해 격려를 아끼지 않았다. 쇼스타코비치의 〈교향곡 1번〉이 음악회에서 극장에서 정식으로 초연되었을 때, "쇼스타코비치의 능숙한 관현악법에 특히 감명받았다…처음으로 작곡한 대규모 관현악곡에서 이런 솜씨가 빛났으니 대단한 일"이라며 칭찬을 아끼지 않았다. 쇼스타코비치가 졸업작품으로 〈교향곡 1번〉을 발표하였을 때는 그 작품에 대해, "도무지 이해하지 못하겠어. 물론 대단한 재능을 보여주는 곡이지만, 나는 뭐가 뭔지 모르겠어."라는 평가를 하긴 했지만….

    글라주노프를 공부하면서, '평생을 교단에 몸담았던 나는, 과연 학생, 쇼스타코비치가 기억하는 선생, 글라주노프처럼 참 스승의 길을 제대로 잘 걸어왔을까?'라고 반성하는 계기가 되었다.

쇼스타코비치

러시아의 천재 작곡가, 드미트리 드미트리예비치 쇼스타코비치에 관한 두 권의 책을 읽었다. 『증언 - 드미트리 쇼스타코비치 회고록』(솔로몬 볼코프 엮음)과 『쇼스타코비치-시대와 음악 사이에서』(엘리자베스 윌슨 저)이다.

먼저 『증언 - 드미트리 쇼스타코비치 회고록』은 쇼스타코비치의 회고를 볼코프가 기록으로 남긴 책이다. 볼코프는 구소련의 타지키스탄에서 태어나, 1967년 러시아의 림스키코르사코프 국립음악원을 졸업한 음악학자이다. 부분적으로 그 내용의 진위에 대해 이런저런 말들이 있지만, 쇼스타코비치의 육성 형식으로 기록했다는 점에서 의미가 있는 책이었다. 한편, 『쇼스타코비치-시대와 음악 사이에서』는 엘리자베스 윌슨이 쓴 책이다. 윌슨은 1964년부터 1971년까지 모스크바 음악원에서 므스티슬라프 로스트로포비치로부터 첼로를 배웠다. 쇼스타코비치와 관련해 출판된 증언을 선별하고, 작곡가와 친분이 있던 사람들을 직접 혹은 편지 등의 면담을 통해 얻은 정보를 바탕으로 이 책을 썼다고 한다.

두 책을 읽으며 쇼스타코비치에 대해 좀 더 알 수 있었는데, 특히 평소에 궁금하게 여겨왔던 의문점에 대한 해답을 어느 정도 얻을 수 있었다. 하나는, 20세기의 베토벤이라 불릴 정도로 천재 작곡가란 말을 많이 들었는데, '얼마만큼 천재일까?' 하는 점이었다. 또 하나는, 공포 정치로 유명했던 세기의 독재자 스탈린 체제하에서 그렇게 고난을 받았던 그가, 스탈린 사후 다른 정치 지도자가 지배하던 새로운 시대에 왜 '공산당 입당은 물론 공산국가 러시아의 고위 관리직까지 역임할 정도로 변절하였을까?' 하는 의문이었다.

19세 때인 상트페테르부르크 음악원 졸업작품으로 <교향곡 1번>을 발표한 점도 물론, 그가 예사롭지 않은 작곡가임을 말해준다. 하지만 이 책들을 읽으면서, 특히 윌슨의 책을 읽으면서, 짧게는 몇 시간 이내 대규모 악기 편성 곡의 작곡도 가능했다는 점과, 평소 피아노 반주 없이 오선

지와 연필만으로 머릿속에 떠오른 악상을 바로 악보로 옮겼다는 사실들에 경탄을 금치 못하였다.

1954년, 러시아의 10월 혁명 37주년을 기념하는 음악회를 볼쇼이 극장에서 열기로 했을 때였다. 음악회까지 날이 얼마 남지 않은 데다 리허설 일정이 잡혔는데도, 행사 시작을 알리는 음악곡이 준비되지 않았다. 정부 고위 당국자들이 참석할 예정인 음악회였기에 당일까지 곡이 준비되지 않자, 초조했던 볼쇼이 극장 오케스트라의 네불신 지휘자는 쇼스타코비치에게 급히 음악을 부탁하였다. 쇼스타코비치는 네불신에게 부탁받은 지 1시간도 안 되어 그 멋진 〈축전 서곡〉을 작곡하였다!

베토벤 이후 몇몇 작곡가들이 이른바 〈교향곡 9번〉을 뛰어넘지 못하고, 좌절하거나 유명을 달리한 것과 달리, 쇼스타코비치는 죽기까지 〈교향곡 9번〉을 넘어 무려 15개의 교향곡을 남겼다. 이런 그의 천재성에 대해서는 위의 〈축전 서곡〉 외에도 이런저런 사례들을 읽으며 깨닫게 되었다.

피의 숙청으로 자신의 정적들뿐만 아니라, 많은 예술가, 지식인들이 어느 날 갑자기 사라져 버리는 일이 비일비재하던 스탈린의 독재 시대는, 이미 잘 알려진 역사적 사실이다. 쇼스타코비치도 매일 죽음의 공포에 시달렸다.

잘 알려져 있다시피, 그가 작곡하여 첫 번째 아내인 니나 바르자르에게 헌정한 〈므첸스크의 맥베스 부인〉 오페라는 엄청난 환호를 받은 명작이었다. 하지만 어느 날 그 공연에 참석한 스탈린이 마음에 들지 않는 부분이 있다며 중간에 퇴장해 버리자, 다음 날 러시아의 공식 기관지였던 〈프라우다〉지로부터 '음악이 아니라 혼돈'이란 사설로 혹평을 받았다. 이후 거의 30년간 공연을 열지 못했다. 나아가 그 후에 발표되는 그의 곡마다, 이른바 '형식주의'라 비판받았으니 제대로 작품 발표하기가 두려웠을 것이다.

그럼에도 불구하고 자신이 마음속에 담은 생각 등을 악보에 담으면서 교향곡 4번~8번 등과 같은 대작을 남겼다. 그러던 그가 공산당에 입당했다! 나아가 반체제 인사였던 소설가 솔제니친(1970년 노벨 문학상 수상)과 핵물리학자 사하로프(1975년 노벨 평화상 수상)의 구명을 위한 탄원서에 서명을 거부했다. 게다가 자신이 맡고 있던, 러시아 연방 공화국 작곡가 연맹 제1서기의 이름으로 된 동료 예술인들에 대한 탄압 내용을 담은 문서에 자필 서명을 하였다. 이 부인할 수 없는 역사적 사실들을 어떻게 설명해야 할지 궁금하게 여겼었다.

하지만 이 책들을 읽으면서, 그 모든 행위 배후에는 공산당의 무서운 협박과 지속적인 강압이 있었음을 알게 되었다. 제2차 세계 대전에서 승리한 러시아, 특히 스탈린은 쇼스타코비치가 발표할 것이라고 한 〈교향곡 9번〉에 큰 기대를 했다. 전쟁의 종결과 러시아의 승리를 자축하면서, 베토벤의 〈교향곡 9번, "합창"〉을 뛰어넘는 음악이 되기를 기대했다. 하지만 이 곡은 그들에게 큰 실망을 안겼는데, 이로써 '즈다노프 비판'이라고 하는 또 한 번의 스탈린에 의한 문화예술계에 대한 숙청이 재개되는 계기가 되었다. 하지만 〈교향곡 9번〉을 그렇게 작곡한 의도 이면엔, 스탈린 공포 정치에 대한 고발과 전쟁이 끝남으로써 그런 전제 독재가 완화될 것이라는 기대가 숨겨져 있다고 평가하는 사람들이 적지 않다. 이런 식으로 그런 억압적인 사회 분위기 아래 어쩔 수 없이 행해져야 했던 자신이 한 행동에 대한 울분을 악보 속에 담아낼 수 있었던 그 용기가 충분히 이해되었다.

  이런 점에서 볼 때, 그는 볼코프의 용어를 빌자면, 확실히 유로지비(Yurodivy), 곧 '성스러운 바보' 혹은 '냉소자'였음이 틀림없다. 볼코프의 『증언』에 따르면, 자신의 레퀴엠, 곧 진혼곡에 해당하는 〈교향곡 7번〉, 〈교향곡 8번〉을 쓰면서 이미, '위대한 스승'이신 스탈린에 대한 복수의 마음을 음악에 실었다고 고백했다. 그러니 길이도 짧고 희롱조의 경쾌한 음률을 담은 〈교향곡 9번〉에 스탈린이 분노했음은 당연하다는 생각이 든다.

쇼스타코비치에 관한 두 권의 책을 읽으면서, 쇼스타코비치에 관해 더 잘 알게 되어 좋았다. 나아가 그동안 다른 유럽의 음악가들에 비해 덜 알고 있었던 러시아, 혹은 구소련의 음악가들에 대한 정보도 덤으로 얻을 수 있어 좋았다.

세상에서 단 하나뿐인 음반

마리아 베니아 미노브나 유디나는 구 소련의 여류 피아니스트이다. 유디나는 쇼스타코비치의 페트로그라드(현 상트페테르부르크) 음악원 동급생 중 한 명이었다. 유디나는 상당히 실력 있는 피아니스트였다. 유대인 가정에서 태어났고, 독실한 러시아 정교 신자였다. 뛰어난 연주 실력으로 자신의 모교였던 페트로그라드 음악원에서 교수직으로도 있었다. 종교박해도 서슴지 않았던 공산주의 구소련에서 종교적 이유로 해고되기도 했다. 그뿐 아니라 정치적인 이유로 그녀의 실황 연주 녹음이 금지되고, 공연이 금지되기도 했다.

그럼에도 그녀는 자유로운 영혼의 소유자였다. 이를테면, 그녀는 보리스 파스테르나크의 시를, 그녀 공연의 앙

코르 무대에서 읽었다. 그 때문에 수년간 공연이 금지되기도 했다. 그래도 그녀는 오뚝이처럼 일어나 모스크바 음악원에서 다시 강의를 맡기도 했다. 파스테르나크는 『닥터 지바고』를 쓴 러시아의 시인이자 소설가이다. 1958년에 노벨 문학상 수상자로 결정되었지만, 소설 속 내용을 문제 삼아 정부로부터 박해를 받게 되자 수상을 거부한 것은 잘 알려져 있다.(1989년에 아들이 노벨상 메달을 대신 받았다.)

구소련의 스탈린 체제하에서는 많은 예술가와 유대인들이 가혹한 박해를 받았다. 그럼에도 불구하고 유대인 가정에서 태어났을 뿐 아니라 종교인이기도 했던 그녀는 다른 예술가들에 비해서는 오뚝이 같은 삶을 살 수 있었다. 그것은 아마도 그녀의 자유로운 영혼도 한몫했겠지만, 그녀의 연주에 반한 스탈린의 말 없는 응원이 큰 역할을 했음도 부인할 수 없는 사실이다.

쇼스타코비치의 눈에 비친 유디나의 모습은, 바닥에 끌릴 만큼 긴 검정 치마를 입고 다니는 수녀 같은 모습이었다. 하지만 쇼스타코비치는 그녀를 두고 이렇게 회고한다.

"남자처럼 강하고 힘이 넘치게 연주했으며…독수리의 발톱처럼 손을 움직이면서…남들과는 전혀 다르게 연주하는 뛰어난 피아니스트였다…또한 항상 객석이 넘치도록 청중을 끌어모았던 그녀는 그런 명성을 누릴 자격이 충분하다."

자신은 무척 가난했지만, 그녀는 돈만 생기면 종교적 자선을 베풀었다. 쇼스타코비치가 높은 분들을 찾아다니며 그녀를 위해 아파트까지 마련해 주었으나, 그녀는 그 아파트를 불쌍한 어느 노파에게 주어버렸다고 한다.

쇼스타코비치에 관한 책들 중에서, 그녀와 스탈린에 얽힌 일화를 흥미 있게 읽었다. 『증언 - 드미트리 쇼스타코비치 회고록』(솔로몬 볼코프 엮음)에 나오는 내용이다.

구소련 사람들에게 '위대한 지도자이자 스승'으로 불렸던 스탈린은 말년이 되자 점점 미치광이처럼 되어, '다차'('다차'는 텃밭이 딸린 러시아의 별장)에 머물며 바깥나들이를 하지 않는 경우가 많았다고 한다. 며칠씩 아무도 만나지 않으며 러시아 국영 라디오 방송만 듣고 있었는데, 어느 날 모차르트의 <피아노 협주곡 23번>을 듣게 되었다. 다음 날, 라디오 최고 책임자에게 전화를 걸어, 어제 방송했던 모차르트 곡의 레코드 음반이 있는지 물었다. 그러자 그 책임자는, "어제 방송에 나온 모차르트 음악은 유디나가 연주한 것"이라고 답했다. 음반으로 되어 있는 것이 아니라, 유디나의 연주 실황을 녹음한 것이었다.

하지만 전화를 건 사람이 누군가? 피의 숙청으로 악명

날리던 스탈린이 아닌가? 겁에 질린 그는 도저히 "그 음반은 없습니다."라고 말을 할 수가 없었다. 이에 방송국은 그날 난리가 났다. 급하게 라디오 직영 오케스트라를 소집하고 유디나를 불렀다. 그리고 지휘자를 모셔 그날로 녹음을 한 음반을 만들어 스탈린에게 보내기로 하였다. 이날 지휘자가 세 번이나 바뀌는 소동이 있었다. 앞의 두 지휘자는 모두, 그 연주가 스탈린으로 말미암아 갑작스럽게 준비된 연주라는 사실에 경악하고, 연주 중에 계속해서 실수를 남발했기 때문이다. 두려운 마음이 앞서다 보니 연주에 집중할 수가 없었던 것이다. 급히 초빙된 세 번째 지휘자의 지휘 아래 그날 밤 겨우 연주를 마쳤고, 그 연주를 담은 레코드 음반을 만들 수 있었다.

이렇게 해서 다음 날 아침, 세상에 단 하나뿐인 유디나의 모차르트 〈피아노 협주곡 23번〉 녹음 레코드를 무사히 스탈린이 머무는 다차로 보낼 수 있었다고 한다. 얼마 되지 않아 스탈린은 2만 루블이 담긴 봉투를 유디나에게 보냈다. 하지만 그녀는 스탈린에게 보내는 감사 답장에서, "그 돈은 교회에 기부하였다."고 썼다. 스탈린 같은 무서운 독재자에게 그런 편지를 쓸 만큼 배짱이 두둑한 유디나였다.

자신이 머물던 다차에서 스탈린이 갑작스러운 죽음을 맞았다는 소식을 듣고 달려온 당의 고위 관리들은, 그의 침대 곁에 있던 축음기 위에 올려져 있던 그 녹음 음반을 발견하였다. 죽음 직전까지 스탈린은 유디나의 연주를 듣고 있던 것이었다! 세상에서 단 하나뿐이었던 그 음반의 실존 여부에 대해서는 이런저런 말들이 많다. 그렇다면 그 음반은 원래 없었던 걸까? 아니면 스탈린의 사후 어디로 사라져 버린 것일까?

『증언 – 드미트리 쇼스타코비치 회고록』책에 나오는 이 내용의 진실성 여부에 대한 논란이 있긴 하지만, 그만큼 스탈린이 유디나의 피아노 연주에 매료된 것만은 분명하다는 게 역사적 사실이다. 그럼에도 불구하고 유디나는 평생 스탈린의 예술 억압 정책에 항거하는 목소리를 숨기지 않았다. 게다가 쇼스타코비치나 동료 예술가들이 정치적인 이유로 어려움을 당할 때마다 도움의 손길을 내밀었다.

쇼스타코비치가 스탈린 체재 아래 그 가혹한 압제를 당했으면서도, 다른 예술가들처럼 숙청되지 않고 겨우 살아남아 우리에게 탁월한 음악을 남길 수 있었던 것도, 어쩌면 유디나 덕분은 아니었을까 하는 생각이 든다. 유디나에 대해 알게 되면서, 사람의 인연이 우리 삶에 얼마나 중요한가를 간접적으로 깨닫게 되었다.

쇼스타코비치의 로망스

　로망스, 서정적이고 감상적인 가곡을 일컫는 말이다. 원래는 시詩란 뜻을 가진 낱말이라고 한다. 음악적 뜻 그대로 서정적이고 감상적인 로망스로 이름난 기악곡으로는, 베토벤의 〈바이올린과 관현악을 위한 로망스 2번〉이 가장 유명하지 않나 싶다. 4/4박자의 곡으로 대략 9분 30초 정도 소요되는 베토벤의 〈로망스 2번〉은, 관현악과 어우러진 독주 바이올린의 선율이 매우 아름답다.
　그 밖에도 브람스, 브루흐, 드보르자크, 생상스와 슈만 등 많은 고전 음악 작곡가들이 나름 아름다운 선율의 로망스를 작곡하였다. 모차르트의 〈피아노 협주곡 20번〉 2악장이나 쇼팽의 〈피아노 협주곡 1번〉 2악장과 같은 로망스의 악장도 아름다운 선율로 이루어져 있다. 그런가 하면, 일본의 뉴에이지 피아노 연주자이자 작곡가인 구라모토 유키의 <로망스>도, 짧은 연주 시간의 곡이지만 나름대로 낭만적인 선율로 들을 만하다. 작곡가가 이공계 명문대학인 동경공업대학교의 물리학과 석사 출신인 만큼, 공학자인 나에게는 유유상종類類相從의 느낌으로 특히나 더 정감이 가는 로망스 곡이다.

아주 오래전인 1952년, 동심을 통해 전쟁의 비참함과 성인들의 이기주의를 고발한 영화 <금지된 장난>(르네 클레망 감독)의 주제곡인 <사랑의 로망스> 또한, 아름다운 로망스 곡이다. 16세기부터 전해져 온 스페인 민요를 바탕으로, 나르시소 에페스라는 기타리스트가 편곡한 곡이다.

아주 잘 알려진 로망스 곡 중에서 쇼스타코비치가 구소련에서 개봉된 영화 <등에(Gadfly)>를 위한, <등에 OST 모음곡> 12곡 중 여덟 번째 곡인 로망스를 빼놓을 수가 없다. 1955년에 작곡된 이 곡은, 쇼스타코비치의 첫 번째 아내인 니나 바이자르가 사망한 이듬해에 작곡되었다. 그래서 그런지, 이 곡을 들으면 영화 주제곡이라기보다는, 23년간 그의 곁을 지켰던 아내를 그리며 작곡한 곡처럼 애잔하게 느껴진다. 그것도 두 명의 아이를 남긴 채 갑작스럽게 이별했음을 생각할 때 더욱 그런 것 같다.(니나가 떠난 8년 후 재혼

하지만….) 게다가 스탈린의 혹독한 비판과 압제 아래 오페라 <므첸스크의 맥베스 부인> 이후 '형식주의' 작곡가란 비판 속에, 교향곡 등 정통적인 음악을 작곡하지 못하고, 영화음악 작곡으로 생활을 영위하던 자신의 처지를 반영하였기 때문이었을지도 모르겠다.

그런데다 아일랜드 출신으로, 영국에서 주로 활동한 음악가이자 작가인 에델 릴리언 보이니치의 소설을 원작으로 한 영화 <등에>의 줄거리가 더욱 그런 분위기를 더하게 한다. 이념적 갈등으로 사랑하던 연인과도 맺어지지 못하고, 신부이자 나중에 추기경이라는 고위성직자가 된 아버지의 사랑마저 외면한 채, 처형장의 이슬로 사라지는 주인공 등에의 삶 자체가 안타까움, 그 자체이다. 그런 만큼 쇼스타코비치의 로망스가 더 애잔하면서도 아름답게 들리는지도 모르겠다.

『등에』는 보이니치가 베를린에서 음악을 공부한 후 영국으로 돌아와 있을 때, 베를린 유학 시절부터 관심을 가졌던 러시아 혁명 운동 경험을 바탕으로 저술한 소설이었다. 오스트리아 합스부르크 왕가의 통치를 받던 이탈리아의 한 혁명가, 아서의 삶과 죽음을 그리고 있다. 아서와, 그를 아들처럼 아끼는 몬타넬리 신부, 그리고 그의 여자 친구 젬마, 세 사람이 주요 등장인물이다. 아서와 젬마는 원래 영국인이었지만, 이탈리아에 와서 사는 것으로 되어 있다. 몬타넬리 신부처럼 성직자가 되고 싶었던 그였지만, 저항 세력에 가담했을 때, 로마로 간 몬타넬리 신부 대신 등장한 신학교장 신부의 배반(사실은 권력자의 스파이였다.)으로 저항 세력 가담자의 이름을 거명하였다는 오해로, 젬마와의 사이가 틀어져 버린다. 그 와중에 자신이 사실은 몬타넬리 신부의 사생아였다는 걸 알게 되어, 충격을 받은 아서는 자살을 가장하여, 밀항선을 타고 남미로 향한다.

 13년간 남미 곳곳에서 갖은 고생을 하다가, 이탈리아로 돌아온 아서는, 펠레체 리바레즈란 이름을 가진 등에, 곧 오스트리아에겐 쇠파리 같은 존재가 되어 저항 세력을 위해 활동한다. 아서가 사랑했던 젬마는 저항 세력 지도자의 부인이 되었다가, 남편이 죽은 뒤 홀로 저항 세력의 지도자가 된다. 등에는 그녀와 함께 이탈리아를 위한 해방 전선에 나섰다가 권력층에 발각되어, 결국 처형을 당하게 된다.

 주인공인 아서의 불운한 삶을 다룬 소설이지만 혁명을 다룬 만큼, 각색된 영화 또한 러시아에서 매우 인기를 끌었다고 한다. 오스트리아와 이탈리아 저항 세력 간의 관계를 다루었지만, 제국 시대 혁명을 경험한 러시아 사람들인 만큼, 그들은 동병상련同病相憐의 마음으로 그 영화에 매혹되었을 것이다. 혁명을 배경으로 삼으면서도 사회주의적대의보다 개인의 내면에 초점을 맞춘 영화이다 보니, 중국에서는 문화대혁명 시기에 금서로 지정되기도 했고, 옛 소련에서도 스탈린 사후에야 영화로 만들어졌다.

쇼스타코비치의 로망스엔, 아내를 잃은 쇼스타코비치 개인의 슬픔, 소설 혹은 영화의 주인공 아서의 비극적이고 불운한 삶이 함께 중첩되어 쓸쓸함이 묻어있다. 쇼스타코비치 자신의 아내와의 행복했던 날들, 청춘 시절뿐만 아니라 마지막 죽기까지 지속되었던, 소설에서의 아서의 젬마에 대한 사랑, 그리고 몬타넬리 신부에 대한 아들로서의, 저항 세력으로서의 애증 관계 등이 복합적으로 얽혀있는 만큼 울림이 더 큰 것 같다. 쇼스타코비치의 로망스는 10월의 마지막 날, 가을이 가고 겨울이 오는 이 계절에 참 잘 어울리는 곡인 것 같다.

3부

〈어느 멋진 아침〉에

―

"그렇다면 그 언젠가 맞이할지도 모르는 그 '멋진 아침'이 어느 날 어느 순간 문득 내 곁에 다가올 수도 있으리라 꿈꾸며, 오늘을 더욱 뜻깊게 살아가리라 다짐하는 오늘 아침의 이 순간이 참으로 '멋진 아침'이 아닐까?"

– 「〈어느 멋진 아침〉에」 중에서

영화음악 OST

　영화음악(Film sound track), 곧 영화에 등장하는 음악은 영화적 재미와 감동을 증폭시키는 데 큰 역할을 한다. 스크린을 가득 채우며 흐르는 선율은, 관람객들에게 등장인물들의 감정 연기나 배경 장면 등에 한층 더 효과적으로 몰입하게 만들어 준다.
　영화음악은, 마치 소설에서 전지적 시점으로 인물들의 심리 묘사나 등장 장면들의 세세한 묘사를 담당하는 화자話者 같은 역할을 맡아, 소설적 재미와 긴장감을 배가하는 데 한몫한다. 나아가 배우들의 표정, 혹은 배경 화면의 명암, 배치 등과 어우러져, 관람객들이 영화 속 이야기들을 마치 자신의 현실 세계 속 이야기와 동일시하도록 착시를 일으키게 하는 데 도움을 준다. 귀로 듣는 순간 어느새 사람들의 머리와 마음속 저 깊은 곳에 있는 감정선을 건드려, 함께하는 시간은 물론이고 끝난 후에도 그 여운이 강물처럼 유유히 흘러 다니게 한다. 음악의 힘 덕분임은 두말할 나위 없다. 마지막 엔딩 크레디트와 함께 흐르는 선율의 여운에 영화가 끝나도 극장 문 나서기를 아쉬워지게 만드는 까닭이기도 하다.

영화음악은 두 가지로 분류되는 것으로 여겨진다. 하나는, 이미 알고 있는 음악들을 영화에 삽입하는 '삽입곡'의 부류일 것이고, 또 다른 하나는, 영화를 위해 새롭게 만들어져 영화와 함께하는 '오리지널 음악(original score)'일 것이다. 영화에서의 극적 효과와 재미를 위해 사용되는 삽입곡과 오리지널 음악들을 통틀어 OST, 곧 Original Sound Track 음악이란 용어가 널리 사용되고 있다. 전문가들에 따르면, TV 드라마에서의 OST와 구분하기 위해 영화에서 사용되는 OST에 대해서는 별도로 Original Motion Picture Soundtrack, Original Film Soundtrack, 혹은 Original Movie Soundtrack 등의 용어가 사용되기도 한다고 한다. 나아가 특정 영화를 위해 작곡된 음악을 The Score 혹은 Original Motion Picture Score 등으로 구분하기도 한다고 한다. OST 수준에서 음악을 사용하는 영화들이 대부분이지만, 영화 자체가 음악적인 음악 영화나 뮤지컬 영화들에선, 삽입곡의 사용뿐만 아니라 오리지널 음악 등이 바로 삽입곡이 되는 경우도 적지 않다.

영화마다 인상적인 OST가 등장한다. 평소에 영화를 많이 보는 편은 아니다. 평생 본 영화를 편수로 따져도 서른 편이 채 되지 않을 듯하다. 이렇게 얕은 지식으로 모든 영화의 OST를 다 이야기할 수는 없는 법이다. 그럼에도 내가 본 얼마 되지 않은 영화 중에 최애最愛 다섯 곡, 곧 Best 5를 뽑으라면 어떤 OST를 꼽을 수 있을까 생각해 본 적이 있다.

사람마다 자신이 좋아하는 선율이나 가사 등이 다를 터이다. 나의 영화 OST Best 5를 꼽으라면, 가장 먼저 손예진, 조인성, 조승우가 주연으로 나오는 영화 〈클래식〉의 OST 〈♪사랑하면 할수록♪〉을 꼽는다. 풋풋함이라고밖에 표현할 말이 없는 순수한 청춘영화답게, 애잔하고 아름다운 선율은 언제 들어도 나에게 감동을 선사해 주기 때문이다.

두 번째 Best 5로는 학창 시절 관람했던, 스티브 매퀸과 더스틴 호프먼이 주연한 영화 〈빠삐용〉의 OST 〈♪바람처럼 자유롭게(Free as the Wind)♪〉가 떠오른다. 빠삐용, 곧 가슴에 나비 문신을 하고 나비처럼 자유롭게 날고 싶어, 몇 번이나 탈옥을 감행하고 다시 잡히곤 하지만, 결국엔 절벽에서 바다로 몸을 던지면서 탈옥에 성공하는 앙리 샤리에르(스티브 매퀸 분)를 생각하면, 정말 영화 내용과 잘 어울리는 OST라고 감탄하게 된다.

다음으로 시대를 뛰어넘어 가장 위대한 뮤지컬 영화의 하나인 <사운드 오브 뮤직> OST이다. <♪도레미 송♪>, <♪에델바이스♪>, <♪My Favorite Things♪> 등, 이 영화에 나오는 모든 노래가 다 명곡이다. 그중에서도 영화가 시작되자마자 눈부시도록 푸른 초원이 펼쳐진, 수녀원 뒷산에서 줄리 앤드루스가 부르는 <♪The Sound of Music♪> 곡은 정말 명곡 중의 명곡일 뿐 아니라, 나의 영화 OST 최애 곡 리스트에서도 빼놓을 수 없는 곡이다.

다음으로 가사가 붙은 곡은 아니지만, 기악 오리지널 음악으로 영화를 빛내는 OST 최애 곡 두 곡이 있다. 하나는 엔니오 모리코네가 작곡한 영화 <Once upon a Time in the West> 테마 곡과, 프랑스 영화 <어느 멋진 아침>에 나오는 스웨덴의 재즈 피아니스트인 얀 요한슨의 <♪양치기처럼 (Liksom en herdinna)♪>이다. 두 곡 모두, 영화에 아주 걸맞은 분위기로 영화를 더욱 감동으로 이끈다.

그밖에도 나뿐만 아니라 아마 대부분의 관객들이 좋아할 만할 것 같은 OST들, 가령 <타이타닉>의 OST인 <♪My Heart Will Go On♪>이나 <겨울왕국>의 <♪Let it Go♪>, 영화 <미션>에 나오는 엔니오 모리코네가 작곡한 <♪가브

리엘의 오보에♪〉 같은 곡들은 OST Best 5가 아니라 Best 10을 꼽으라면 포함할 수도 있을 것이다.

어떤 영화이든, 내가 관람한 영화에서 흘러나오는 선율들을 만들기까지의 작곡가나, 적절한 음악을 삽입하기 위해 고뇌를 겪었을 음악감독들의 노고에 대해, 감독이나 주연배우 못지않게 늘 고마운 마음을 지닌다. 〈헤리포터-죽음의 성물〉, 〈벤자민 버튼의 시간은 거꾸로 간다〉, 〈작은 아씨들〉과 〈그랜드 부다페스트 호텔〉 등에서 음악을 맡은, 알렉상드로 데스폴라를 다룬 다큐멘터리 영화 〈셰이프 오브 뮤직〉에서 어느 작곡가가 말했다. "영화음악 작곡가는 정말로 영화를 만드는 사람"이다. 100% 동감이 가는 말이다.

오늘도 나의 영화 OST 최애 곡 다섯 곡 중 하나인 〈♪양치기처럼♪〉을 들으며 멋진 아침을 연다.

농원 음악회, 〈전장의 피아니스트〉, 그리고 〈크레센도〉

　내가 몸담은 합창단이 경남 고성 '콩이랑 농원'이란 곳에서 가진, 야외 팜 음악회 감동의 여운이 쉽게 가시지 않는다. 당시 장독대 사이, 자갈 바닥에 놓인 디지털 피아노로 우리 합창곡에 맞춰 피아노를 연주하던 반주자를 보면서, 생뚱맞게 2021년에 개봉되었던 영화 〈전장의 피아니스트〉가 생각났다. 아마도 최근 이스라엘에 대한 하마스의 공격으로 중동이 또다시 전란에 휩쓸리는 뉴스를 접하다 보니 더욱 그랬던 것 같다. 폐허 더미 속 길바닥에 놓인 피아노로 연주하는 피아니스트가 주인공이기 때문이다.

　2014년부터 2017년까지 세상을 떠들썩하게 했던 IS(이슬람국가)에 의해 벌어졌던 시리아 내전을 배경으로 한 영화이다. IS가 지배하면서 음악마저 금지되었던 현실이었다. 시리아의 세카 마을에 살던 피아니스트 카림은, 자신이 아끼던 피아노를 팔아 오스트리아 빈으로 가서 맘껏 연주하고 싶어 한다. 하지만 집에 숨어서 몰래 치던 피아노 연주가 극단주의 무장세력에 의해 발각되자, 그들은 피아노 건반을 총기 난사로 부수어버린다. <전장의 피아니스트>의 원래 영어 제목이 'Broken Keys', 곧 '부서진 건반'인 까닭이다. 목숨마저 위태해질 수도 있는 상황에서, 무장 군의 총격 등으로 폐허가 된 건물들 앞 길바닥에 놓인 피아노로 베토벤의 <피아노 소나타 21번, "발트슈타인">을 연주하는 엔딩 장면이 아주 감동적이다. 음악의 힘을 보여준다. 목숨을 건 이 연주는, 마을 주민들로 이루어진 저항군이 무장세력들을 쫓아내는 데 큰 역할을 한다.

베토벤이 이 피아노곡을 쓸 당시, 프랑스의 세바스티앙 에라르에 의해 '이중이탈장치'의 발명으로 연타를 가능하게 하는 새로운 피아노가 제작되었다고 한다. 1804년, 이미 난청으로 신체적 고난을 겪던 상황이었지만, 새로운 열정으로 <교향곡 3번, "영웅">을 쓰던 시절이었다. 당시 새롭게 등장한 에라르의 피아노 덕분에 <"발트슈타인">은 기존의 피아노곡과 다른 획기적인 음악적 효과를 가진다는 점에서 음악사적으로도 유명하다고 한다. 그런 점을 생각하면 지미 케이루즈가 감독한 그 영화의 음악 감독인 가브리엘 야레드가 왜 전장의 한가운데에서 연주되는 곡으로, 더구나 엔딩 음악으로 <"발트슈타인">을 선정했는지 어느 정도는 이해가 될 듯하다.

이 영화에서는 <"발트슈타인">뿐만 아니라 귀에 익은 슈만의 <어린이 정경> 중 7번 곡 <트로이메라이>, 쇼팽의 <프렐류드 15번 ("빗방울 전주곡")>, 베토벤의 <교향곡 9번, "합창"> 중 4악장 합창곡 <♪환희의 송가♪> 등도 감상할 수 있다. 몇몇 국제영화제 수상작이기도 하고, 우리나라에선 2021년 전주국제영화제에서 상영되기도 했다.

이스라엘-하마스 간 전쟁으로 10,000명이 넘는 사망자가 발생하였다. 백성들이 무슨 죄가 있다고, 지도자들은 이렇게 맨날 전쟁을 벌이는 건지 모르겠다. 이스라엘-팔레스타인 간의 전란 소식을 듣다 보니, 피아니스트이자 이스라엘 지휘자로 세계적으로 유명한 다니엘 바렌보임의 실화를 바탕으로 한 영화 <크레센도>도 생각났다. 바렌보임은 스페인 세비야를 거점으로, 스페인뿐만 아니라 중동계 청소년들을 모아 '서동시집 오케스트라(West-Eastern Divan Orchestra)'라는 청소년 관현악단을 만들어 운영하였다. 1999년부터 활동하였다. 괴테의 『서동시집』에서 착안하여 만든 이름이다. 괴테가 14세기 페르시아의 시인 하피즈의 번역시를 읽고 감명받아 집필했다고 한다. 때문에, 관현악단의 이름이 아랍-이스라엘 분쟁의 평화적인 해결을 모색하기 위해 만들었다는 창단 의도에 딱 맞아떨어지는 것 같다.

〈크레센도〉 역시 2021년 개봉되었다. 두 분쟁 지역의 청소년들을 모아 오케스트라를 구성함으로써, 음악으로 평화에 기여하고자 하는 메시지를 담은 영화이다. 세계적으로 명망 있는 독일 지휘자 에두아르트는, 이스라엘과 팔레스타인에서 실력 있는 젊은 연주자들을 모집하여 평화의 콘서트를 열려고 했다. 음악이라는 하나의 목표로 모였지만, 두 지역 간엔 오랜 갈등의 골이 있다 보니 단원들끼리도 예외가 아니다. 당연히 오케스트라에도 영향을 미치게 된다.

팔레스타인 청년과 이스라엘 여자 친구 사이의 로미오-줄리엣 같은 사랑도 펼쳐진다. 제3 지역인 유럽의 어느 산속 캠프에서 합숙 연습을 하던 중, 팔레스타인 청년이 불의의 교통사고를 당하게 되자 오케스트라에 위기가 찾아오고 결국 콘서트는 가지지도 못한 채 해산이 된다. 단원들은 이스라엘과 팔레스타인으로 귀국하기 위해 각자의 공항 탑승 게이트로 향한다. 하지만 탑승 게이트 유리 장벽 앞에서, 제1 바이올린 수석을 맡았던 이스라엘 청년이 바이올린을 꺼낸다. 그리고 의자에서 일어나 조용히 연주를 시작한다. 그러자 반대쪽 유리 벽 앞에 앉아 있던 제2 바이올린 수석 연주자인 팔레스타인 여성 친구도 바이올린을 꺼낸다.

합숙 연습 때엔, 얼굴만 보면 자신의 윗대 어른들을 향해 저질렀던 상대국의 학살과 폭력에 대해 비난을 퍼부으며 으르렁거리던 사이였다. 그러자 곁에 있던 모든 친구가 하나씩 하나씩 악기를 끄집어낸다. 유리 벽을 사이에 두고 양 국가로 향하는 비행기의 탑승 게이트 앞에서 천천히 울려 퍼지는 라벨의 〈볼레로〉…. 감동적인 엔딩 장면이 오랫동안 여운이 남는 영화이다.

이 영화의 제목이 '점점 세게'를 뜻하는 음악 용어 Crescendo인 것은 아마도, 하나의 오케스트라를 통해, 중동 지역에, 특히 아랍인들과 유대인들 간의 평화가 지속적으로 '점점 더 세게, 점점 더 크게' 번지길 바라는 마음을 표현하기 위해 사용하지 않았을까 하고 생각해 본다. 요즈음 중동 지역의 전란을 보면서, 어느 때보다 더, 제임스 조이스의 『젊은 예술가의 초상』을 읽을 때 배운 라틴어 한마디, "뻬르 빡스 우니베르살리스(Per pax universalis; 세계 평화를 위하여!)"를 외치게 된다.

〈피아니스트의 마지막 인터뷰〉

〈피아니스트의 마지막 인터뷰〉, 2020년 개봉된 영화 제목이다. 영화의 원래 영어 제목은 〈CODA〉이다. CODA는 음악에서 한 악곡이나 악장에서 끝내는 느낌을 강조할 때 사용되는 용어이다. 특별히 추가된 종결부를 나타내는 용어로, 장편 소설의 마지막 장에 해당하기도 한다. 흔히 음악에서 CODA가 표시된 소절을 들을 때, 마음속에 스며드는 아름다운 화음의 여운 덕분에 종종 깊은 감동에 빠져들곤 한다. 그 점을 생각하면, 제목만 보아도 행복하고 아름다운 엔딩이 예상될 만한 영화이다.

영화의 주인공은 헨리 콜이란 유명한 영국 피아니스트이다. 사랑하는 아내를 잃고 상심 끝에 긴 공백기를 가지다 마침내 무대공포증까지 앓게 된다. 그러다 헬렌이라는 젊은 기자 덕분에 다시 무대에 서게 되는 줄거리가 감동적이다. 스크린에 "음악이 없다면 인생은 한낱 실수일 뿐이다."라는 독일 철학자 니체의 말이 자막으로 등장하며 영화가 시작된다.

뉴욕의 센트럴 파크는 물론이고 알프스의 아름다운 풍광 등을 보여주는 영상미가 뛰어나다. 게다가 보스턴 심포니 홀, 이탈리아 토니로 왕립극장 등, 세계적인 공연장 모습이 등장한다. 세계적인 피아노 제조사인 '스타인웨이'의 쇼룸(showroom)도 등장한다. 헨리와 헬렌은 이 뉴욕 맨해튼에 있는 '스타인웨이 홀'에서, 비제의 〈카르멘〉 중 〈♪하바네라♪〉를 연탄곡으로 연주한다. 1891년 카네기 홀이 생기기 전까진 뉴욕 필하모니 오케스트라의 연주회장으로도 사용되었을 정도로 역사적이고 예술적인 공간이다. 또한, 영화 속엔 베토벤의 피아노 소나타 23번 〈"열정"〉과 21번 〈"발트슈타인"〉, 슈만의 〈어린이 정경〉 중 10번, 바흐의 〈음악의 헌정〉 등, 27개의 클래식 음악이 등장한다. 여러 모로 음악 애호가들을 매료시키는 영화이다.

이 영화를 보면 음악적인 감동 이외에, 한 사람의 인생이 다른 사람과의 인연으로 인해 얼마나 크게 달라질 수 있는가를 깨닫게 된다. 간접적이긴 하지만, 우리 삶에 있어서 우연처럼 다가온 특별한 인연이 얼마나 큰 의미를 갖는가를 배울 수 있다. 헬렌은 《뉴요크》라는 잡지의 기자이다. 헬렌 또한 음악도로서 학생 시절 큰 꿈을 안고 콩쿠르에 도전하지만 실패했다. 그러다 음악 공연의 감상평 등을 보도하는 기자로 변신하였다.

 언젠가 아내와의 사별 후 무대에 서지 않으려는 헨리의 근황이 궁금했던 기자들이 그와의 인터뷰를 위해 몰려든다. 당시 기자단의 한 사람으로 참가했던 헬렌은 그에게 다소 무례한 질문을 던진다. 자신의 결례가 미안했던지, 헬렌은 헨리가 쉬고 있던 방을 찾아가 사과하면서 대화를 나눈다. 사실은 자신이 학생 때 헨리에게 수업받은 적이 있다고 말한다. 콩쿠르에서 참참한 실패를 경험하고 좌절하던 그때 헨리가 건넨 위로의 말이 무척 고마웠다고 고백한다.

 어느 날 '스타인웨이 홀'을 찾아 피아노를 둘러보던 헨리는 무대공포증의 후유증인지, 익숙했던 곡 <♪하바네라♪>마저 연주를 할 수 없게 된다. 그때 헨리와의 인터뷰를 위해 그를 따라다니던 헬렌이 헨리 곁으로 조용히 다가와 앉으면서 함께 <♪하바네라♪>를 연주한다. 그때부터 거의 2년간 닫혔던 헨리의 마음이 조금씩 열리기 시작한다. 보스턴에서의 공연을 앞두고 호텔 카페에서 차를 마시던 중,

배달된 꽃다발과 함께 헬렌의 카드를 받게 된다. "마당을 가로질러 뛰어가는 아이처럼 나는 재능의 부름에 항복하리."라는 인사말과 함께. 이 글은 바로 헨리가 음악도를 위해 쓴 책 『Appoggiatura(앞꾸밈음)』에 나오는 말이었다.

　헬렌과의 만남으로 인해 서서히 변해가던 헨리였지만, 여전히 무대공포증에 시달리고 있었다. 무대에 서는 것을 꺼리고 언론과의 접촉을 피한다. 나아가 대부분의 연주 일정마저 취소하기에 이른다. 마지막으로 남은, 고국 런던에서의 복귀 공연마저 취소하고 싶어 한다. 하지만 "연주해 주세요, 헨리, 관객들을 위해서요."라고 마음속 들려오는 헬렌의 목소리에 용기를 내어, 런던 로열 앨버트 홀에서 쇼팽의 <발라드 4번>을 연주한다. 감동적인 엔딩 장면이다. 덕분에 헬렌은, 이런저런 자리에서 자연스럽게 헨리와 함께하면서, 마침내 감동적인 인터뷰 기사를 완성한다.

　헬렌과의 만남으로 헨리가 변화되는 모습은 매우 감동적이다. 학생 시절 좌절을 겪은 한 음악도였지만, 스승이었던 헨리의 위로로, 새로운 힘을 얻고 잡지사 기자로 변한 헬렌의 변화도 그에 못지않게 감동적이다. 헨리와의 첫 만남은 물론이고, 헨리의 참모습을 감동적으로 보여 주는 인터뷰 기사를 보도하기까지, 그녀의 삶에도 엄청난 변화가 일어났음은 두말할 나위가 없다.

늘 생각해 온 것이지만, 사람들 간의 특별한 인연은 정말 불가사의한 인생의 신비가 아닐 수 없다. 헬렌 켈러와 앤 셜리번, 미치 앨봄과 모리 슈워츠, 박지성과 거스 히딩크의 만남 등은 잘 알려진 인연의 극히 일부 예일 뿐이다. 이번에 감상한 <피아니스트의 마지막 인터뷰>에서도, 음악적 감동뿐만 아니라, 우리 삶에 있어서 사람들 간의 특별한 인연의 소중함에 대해 참으로 많은 교훈을 얻었다.

〈엔니오: 더 마에스트로〉

    영화음악은 언제나 영화적 재미에 감동을 얹는다. 음악의 힘이다. 영화 OST, 곧 오리지널 사운드트랙(Original Sound Track)이나 삽입 음악이 영화의 줄거리보다 더 큰 감동으로 우리 기억 속에 오랫동안 남는 경우가 적지 않다. 게다가 음악 자체를 모티브로 해 음악가의 삶을 그린 영화라면, 감동은 더욱 클 것이다.
    최근에 영화음악의 거장, 엔니오 모리코네를 다룬 다큐멘터리 영화 〈엔니오: 더 마에스트로〉를 관람하였다. 주세페 토르나토레가 감독한 2021년 다큐멘터리 영화로, 감독, 시나리오 작가, 음악가와의 인터뷰를 통해 2020년 7월 6일에 타계한 모리코네의 삶과 음악을 다루었다. 우리나라에선 지난 2023년 7월 5일에 개봉되었다. 그가 음악을 담당한 주요 영화들의 짧은 영상들과 함께, 영화음악의 개척자 시절부터 영화음악의 거장 지휘자, 곧 마에스트로 우뚝설 때까지의 인생역정을 다룬 그 영화를 보고 감동했다.

그가 재즈 밴드에서의 트럼펫 연주자와 RCA 빅터의 스튜디오 편곡자 경력을 거쳐 영화음악계에 처음 발을 디뎠을 땐, 정통 클래식 음악가로부터의 곱지 않은 시선을 견뎌야 했다. 그가 수학한 이탈리아 산타 체칠리아 국립음악원의 고프레도 페트라시 스승으로부터도 눈 밖에 날 만큼. 주변으로부터 받은 온갖 폄훼와 편견을 이겨내고, 마침내 영화음악의 거장으로 위대한 발자취를 남긴 그의 삶에 마음속 깊은 존경심이 우러나왔다.

모리코네가 음악을 맡은 영화들을 보면, 때론 영화에 음악을 얹힌 게 아니라, 음악이 영화를 지배하는 것으로 여겨질 때가 많다. 특히 대사가 없는 경우는 더욱 그렇다. 장면에 꼭 맞는, 아름다운 선율이 극장 전체로 웅장하게 퍼져나가면서 대사 이상의 의미를 전달할 때, 관객들의 마음속은 깊은 감동의 물결이 인다. 그것이 모리코네의 능력이고, 힘일 것이다. 또 다른 유명 영화음악 작곡가인 독일의 한스 짐머가 영화에서 말했듯, "그는 우리 인생의 사운드트랙"임에 틀림없다. 그 다큐멘터리에서 몇몇 음악가나 영화감독들이 언급하였듯, 그의 음악은 어제, 오늘뿐 아니라 먼 훗날, 가령 200년 후에도 살아 숨 쉴 것이란 믿음이 결코 과장이 아니라는 확신이 든다. 마치 바흐나 베토벤 등의 음악이, 그들이 우주로 간 뒤 200년이 지난 오늘까지도 여전히 우리들의 영혼과 마음속에 깊은 울림을 주는 것처럼.

사실 내가 모리코네의 이름에 관심을 가지게 된 것은, 1986년 개봉된 영국 영화 〈미션〉을 보았을 때였다. 19세기 남미에서 선교 활동을 하던 예수회 선교사들의 이야기를 다룬 영화였다. 롤랑 조페 감독의 그 영화는, 감동적인 줄거리와 뛰어난 영상미 등으로 그해 칸 영화제에서 황금종려상을 수상하였다. 제59회 아카데미상 촬영상도 수상하였다. 하지만 〈♪가브리엘의 오보에♪〉가 없는 〈미션〉 영화의 감동을 상상할 수 있을까? 영화가 끝난 뒤에도, 나중에 사라 브라이트만이 가사를 붙여 〈♪넬라 판타지아♪〉로 부른 그 선율의 아름다움이 오랫동안 귓가에 맴돌았던 기억이 새롭다.

그해 재즈 피아니스트 겸 작곡가인 허비 행콕이 음악을 담당한 〈라운드 미드나이트〉가 〈미션〉을 제치고, 아카데미 음악상을 받았을 때 논란이 많았다. 〈미션〉뿐만 아니라, 뛰어난 음악에도 불구하고 그가 음악을 담당한 영화는 여러 차례 아카데미상을 놓쳤다. 이런 그에게 아카데미상 측은

2007년에 공로상을 수여함으로써 그의 영화음악에 대한 공로를 인정했다. 결국엔 2016년 쿠엔틴 타란티노 연출의 <헤이트풀8>의 음악으로 제88회 아카데미 음악상 트로피를 손에 쥐게 되지만…. 아무튼 영혼을 울리는 <♪가브리엘의 오보에♪>의 아름다운 선율을 듣고, 이 음악을 작곡한 이가 누구지 하는 호기심으로 엔니오 모리코네의 이름에 대해 처음으로 궁금하게 여겼었다.

그 후 2년 동안 계속해서 영화 <언터처블>(1987년 개봉)과 <시네마 천국>(1988년 개봉) 등을 재미있게 보면서, 그의 음악에 더욱 매료되었었다. 이때부터 내 머릿속 그는 저명한 영화음악가의 한 사람으로 자리 잡게 되었다.

<엔니오: 더 마에스트로>를 관람하고 나서는 그에 대해 더 많이 알게 되었다. 특히 예전 청소년 시절에 클린트 이스트우드의 멋진 연기를 즐기며 관람했던 서부 영화 <황야의 무법자>에서, 휘파람으로 나오던 그 귀에 익은 멜로디가 바로 모리코네의 곡이라는 사실을 새삼스럽게 알게 되었다.

2002년 겨울, 해외 출장길에 기내 영화로 <피아니스트의 전설>을 감상한 적이 있었다. 그 영화에 나오던 <♪Playing Love♪>와 <♪Magic Waltz♪> 등이 그의 음악이라는 사실을 처음 알게 되었다. 그때는 주세페 토르나토레가 감독한 그 영화의 충격적인 줄거리에 더 관심이 많았었다. 1900

년, 곧 20세기의 시작 연도라는 상징적인 햇수의 의미에다, 크루즈 선에서 태어나고 자라서, 배와 바다가 그의 전 우주인 주인공의 이름이 '1,900', 곧 '나인틴 헌드레드'라는 의미가 아주 크게 마음에 다가왔다. 귀국과 동시에 곧장 〈1,900년의 전설〉이라는 제목으로 한 편의 수필을 쓰기도 했던 기억이 떠올랐다.

  그 다큐멘터리 영화를 보면서, 500여 곡에 이르는 영화음악을 작곡한 모리코네의 음악이 담긴 영화들을 다시 한번 감상하고 싶은 생각이 들었다. 〈석양의 무법자〉(1966년 개봉), 〈원스 어폰 어 타임 인 아메리카〉(1984년 개봉), 〈원스 어폰 어 타임 인 더 웨스트〉(1986년 개봉) 등 고전 영화들을 다시 찾아 감상해 봐야겠다. 그 영화들에 나오는 〈♪The Ecstasy of Gold♪〉, 〈♪데보라의 테마♪〉나 〈♪Once upon a Time in the West♪〉 같은, 보석처럼 빛나는 음악들을 다시 한번 찬찬히 감상하고 싶다. 그가 개척해 온 장엄한 영화음악의 바다에 풍덩 빠져들고 싶다.

〈어느 멋진 아침〉에

엊저녁 프랑스 영화, 〈어느 멋진 아침〉(2022년 개봉)을 감상하였다. 여성 감독(미아 한센-로브) 특유의 섬세한 연출이 돋보이는 수작이었다. 게다가 주연 여배우 '산드라'로 분한 레아 세이두의 섬세한 연기 또한 출중하였다. 자신에게 한꺼번에 찾아온 사랑과 이별의 두 극단적인 감정을 섬세하게 연기했다. 병든 아버지의 병환과 죽음을 맞이하면서 벌어지는 가족들 간의 사랑과 갈등을 그리면서, 동시에 자신에게 찾아온 새로운 사랑의 시작도 그렸다. 영화를 감상하면서 우리네 삶의 의미를 한 번 더 생각하게 만드는 멋진, 휴먼 드라마였다. 제75회 칸 영화제 최우수 유럽 영화상을 받을 만하고, 지난해 부산국제영화제(제27회) 초청작으로 선정될 만하다는 확신이 들었다.

산드라의 가족들은, 요양원에 있던 아버지가 유명을 달리하자, 아버지의 집에 있던 모든 짐을 정리하였다. 철학 교수였던 아버지의 장서들은 제자들이 나눠 가졌다. 아버지가 남긴 책을 정리하면서 산드라가 초등학생 딸에게 건넨 말이 아주 인상적이었다.

"할아버지의 육신은 껍데기이지만, 이 책들엔 할아버지의 영혼이 담겨 있단다."

나의 가슴에 절절히 와닿는 대사였다. 영화를 보다 보니, 3년 전 퇴임 때 생각이 났다. 퇴임을 맞아 40년간 연구실 서가에서 나와 함께했던 영문 전공 서적 6,000여 권을 쓰레기통에 버릴 수밖에 없었다. 서가를 차지했던 영문 서적들의 대부분이 이른바 해적판이다 보니, 도서관에 기증하려 해도 받지 않았기 때문이었다. 게다가 인터넷과 컴퓨터에 익숙한 젊은 교수들은 아무도 인쇄된 책에 관심 가져주지 않았기 때문이기도 했다. 어쩔 수 없이 내 영혼의 일부가 쓰레기통으로 버려진 셈이었다. 시대의 조류에 따를 수밖에 없었지만, 지금 생각해도 안타까운 기억이다.

영화에 등장하는 슈베르트의 〈피아노 소나타 20번〉 2악장(조금 느리게(Andantino))의 선율 또한 인상적이었다. 슈베르트가 죽기 두 달 전에 작곡한 곡으로, 다가올 세상과의 이별을 예감하는 듯 정서적 불안감이 고스란히 담긴 곡이다. 산드라의 아버지가 평소 좋아하던 곡이었다. 신경 퇴행성 장애로 요양원에 입원한 아버지를 방문한 산드라에게, 아버지는 그 곡을 잠시 듣고 싶다고 요청했다. 그러다가 곡이 너무 무겁다고 금방 다른 노래로 바꿔 들려 달라고 했다. 이 곡은 엔딩 곡으로도 흘렀다.

　스웨덴의 재즈 작곡가 얀 요한손의 <♪릭솜 엔 헤르딘나(Liksom en herdinna) (양치기처럼)♪>라는 피아노 테마 곡도 여러 번 등장했다. 영화 내용과 음악의 찰떡궁합을 만끽하면서, 영화에서의 음악감독들의 탁월한 식견에 또 한 번 감탄하였다. 덤으로 오주리 미술관, 몽마르트르 언덕, 사크레쾨르 성당 등, 파리 곳곳의 멋진 풍광을 안방에서 감상할 수 있어 좋았다.

　영화 평론가 유선아는 이 영화에 대한 평을 이렇게 썼다.

　"인생에는 고통도, 죽음의 그림자도 있지만, 사랑도 있고, 어느 날 찾아올 빛나는 순간(곧 아침)도 있다."

　이 영화에 대한 정확한 비평이 아닌가 한다. 영화를 보면서 오늘도 건강한 몸으로 아침을 맞이하였다는 사실 자체가 기적이라는 생각이 머릿속에 떠올랐다. 자주 듣는 말이지만, 어제 죽은 그 사람이 그토록 맞이하고 싶어 했던 오늘이 아니던가. 오늘 아침, 동녘에서 떠오르는 찬란한 태양을 경이롭게 바라볼 수 있다는 것이 어찌 기적이 아닐까!

그렇게 여태껏 매일 맞이한 아침이건만, 과연 내 삶에 어느 '멋진 아침', 또는 '찬란하게 빛나던 어느 순간'이 과연 존재는 했을까? 만약 그랬다면 그때가 언제였을까? 아니면 내 삶에 '찬란하게 빛나는' 순간은 아직도 오지 않은 것일까? 등등, 이런저런 생각들이 머릿속을 스쳐 지나갔다. 그 영화가 관람객들에게 주고자 하는 메시지와는 별도로, 영화를 보고 나서 '어느 멋진 아침'이라는 그 세 마디의 낱말에 대해 참 많은 생각이 겹쳤다.

어쩌면 나 스스로는 '찬란하다'고 생각하지 않았지만, 이웃이 보기에 '찬란하다'고 생각할 만한 순간이 있었을지도 모르겠다. 좋은 성적으로 대학을 졸업하고, 당시 이공계 대학생들이 선망하던 대학원 입학이 결정되었을 때, 그때가 내 삶에 있어 '찬란한 순간'이었을까? 평생의 반려자와 인생길을 함께 걸어가겠다고 결심한 그때였을까? 아니면 원하던 직장을 얻었을 그때였을까? 열심히 일한 직장에서 인정받게 되었을 그때였을까? 하지만 아무리 깊이 생각하여도 내 삶에 있어 그때가 바로 그토록 내 삶에 있어 '어느 멋진 아침'이었다고 자신 있게 말할 수는 없을 것 같다.

그렇다면 그 언젠가 맞이할지도 모르는 그 '멋진 아침'이 어느 날 어느 순간 문득 내 곁에 다가올 수도 있으리라 꿈꾸며, 오늘을 더욱 뜻깊게 살아가리라 다짐하는 오늘 아침의 이 순간이 참으로 '멋진 아침'이 아닐까? 매일매일 그렇게 다짐하여 살아간다면, 나도 모르는 사이 내 삶 가운데도 그 '멋진 아침'의 어느 순간이 내 곁에 다가와 있지 않을까 하는 생각이 든다.

이른 아침에 눈을 떴다. 마침 동녘 저쯤에서 말간 해가 떠올랐다. 아침 해를 바라본 순간, '아! 참, 고마운 아침이네. 이렇게 멋진 아침으로 하루의 시작을 열게 되니 오늘도 왠지 좋은 일만 있을 것 같아!'라는 생각이 뇌리를 스쳤다. 엊저녁 본 영화의 감동이 다시금 가슴속에 잔잔히 여울졌다. 참, 멋진 아침이다!

〈타르〉와 말러

　독일 작곡가 구스타프 말러는 미완성인 10번 교향곡을 포함해 11개의 교향곡을 작곡하였다. 이른바 최후의 교향곡, 교향곡 중의 교향곡이라 불리는 베토벤의 〈교향곡 9번, "합창"〉을 뛰어넘기 위해, 9개 이상의 교향곡을 작곡하였다는 말이 전해질 정도로 교향곡 작곡에 힘을 쏟았다. 베토벤의 마지막 교향곡이 된 9번을 의식하여, 〈교향곡 9번〉이란 이름 대신 〈대지의 노래〉란 이름으로 아홉 번째 교향곡을 발표한 것은 잘 알려진 일화이다. 아무튼 그의 교향곡 중에 음악 애호가가 아닌 대중들에게도 잘 알려진 곡은 〈교향곡 5번〉이 아닌가 한다. 그중에서도 특히 제4악장이 유명하다.

아내가 될 19세 연하의 알마 쉰들러를 만나며 만든 곡이 <교향곡 5번>이다. 사랑의 마음이 담뿍 담긴 교향곡이다. 특히 4악장은 연인들의 사랑 분위기가 느껴질 만큼, 로맨틱하고 아름다운 선율로 가득하다. 다른 악기들이 모두 쉬는 가운데 현악기와 하프로만 연주된다. 아마도 말러의 교향곡이 일반 대중들의 입에 오르내리게 된 것은, 이탈리아-프랑스 합작 영화 <베네치아에서의 죽음> 덕분일 것이다. 그 영화의 배경음악으로 사용된 이후, 사람들의 사랑을 받는 곡이 되었다.

지난해 칸 영화제에 출품되어, 감독상을 받은 영화 <헤어질 결심>으로, 그 4악장은 또 한 번 세계인의 주목을 받게 되었다. 박해일과 탕웨이 주연의 미스터리 로맨스 영화이다. 산에서 벌어진 변사 사건을 수사하게 된 형사 해준(박해일 분)과 사망자의 아내 서래(탕웨이 분) 사이의 관심과 열정, 그리고 이별을 그린 영화이다. 클래식 음악에 조예가 깊은, 특히 말러의 음악을 좋아하는 박찬욱 감독인 만큼, 이 영화엔 말러의 <교향곡 5번>이 중요한 역할을 한다. 아름답지만 왠지 모를 쓸쓸함이 느껴지는 제4악장(아다지에토)의 음악은, 서래를 바라보는 해준의 설렘, 사랑, 두려움의 감정을 이보다 더 맛깔나게 표현할 수 없을 정도로 영화의 분위기를 잘 살렸다. 정훈희의 <♪안개♪> 노래도 중요한 역할을 한다.

최근에 영화 〈타르(TAR)〉를 관람했다. 주인공인 리디아 타르는, 작곡가 겸 베를린 필하모니 오케스트라의 수석 지휘자로 등장한다. 세계 최정상 오케스트라인 베를린 필하모닉의 역사상, 여성이 수석 지휘자로 데뷔한 적은 여태껏 한 번도 없었기 때문에, 어디까지나 영화적 설정이다.

타르는, 현재 볼티모어 음악감독이자 현존하는 세계 제일의 여성 지휘자라고 칭송받는 마린 알솝과, 금융 관련 잡지사의 CEO이자 아마추어 지휘자로 말러의 〈교향곡 2번〉만을 지휘하는 길버트 카플란 등의 실존 인물 등을 섞어 창조된 인물이라고 한다. 그런 만큼 이 영화에서도, 타르와 그의 악단은 말러의 〈교향곡 5번〉을 연습하는 과정을 담고 있다.

음악에 관한 영화이지만 사실상 이 영화는, 현대사회의 문제점인 성차별, 인종 차별, 미투(Me Too) 운동, 성 소수자, SNS 문제 등 복잡한 사회현상을 그린 사회 고발 영화라고 볼 수 있다. 코로나19 시대의 시대적 배경도 한몫한다. 음악을 매개로 한 점, 남성이 아닌 여성 주인공을 내세웠다는 점이 다른 영화와 차별되는 것이라는 생각도 든다.

세계 최고 오케스트라의 최초 여성 지휘자란 엄청난 성공 신화를 쓴 타르가, 그 자리에서 받는 엄청난 압박감은 그녀에게 계속되는 환청, 악몽 등 정신 분열에 가까운 상태로 몰아간다. 그러면서도 부지휘자나 솔리스트 선정 등에서 그 자리가 누릴 수 있는 최고 권력자의 전횡도 마다하지 않으면서, 서서히 몰락해 가는 타르의 모습은, <교향곡 5번>을 작곡하기 전후의 말러의 삶과 많이 닮아있다. <교향곡 5번>을 만들던 시기에 말러는 작곡가로서 최전성기에 있었다. 알마 쉰들러를 만나 결혼한 것도 이 시기였다. 하지만 얼마 되지 않아 그녀와의 이별, 딸의 죽음, 그리고 건강 악화가 겹치며 말러는 밑바닥으로 추락한다.(말러는 이 <교향곡 5번>을 작곡한 지 10년 만에 사망했다.) 동성애 추문에 휘말려 경력의 최정점에서 급격히 나락의 늪으로 빠지고, 딸마저 잃게 되는 타르의 모습에서, 말러의 삶을 엿볼 수 있다. 말러 없는 <타르> 영화는 생각할 수 없는 까닭이다.

 음악 영화이지만 주인공 타르를 통한 심리 추리 영화라고도 할 만하다. 이미 아카데미 여우 조연상을 받은 바 있고, 올해(2022년) 80회 골든 글로브 여우 주연상을 받았으며, 올해 아카데미 여우 주연상이 기대될 만큼 연기력이 탁월한 배우, 케이트 블란쳇의 신들린 듯한 멋진 연기는 덤이다.

〈마지막 4중주〉

최근에 2012년 개봉한 극영화 〈마지막 4중주〉를 볼 기회가 있었다. 야론 질버만이 감독, 제작하고 필립 세이모어 호프먼, 캐서린 키너, 크리스토퍼 워컨, 마크 이바니어 등이 주연을 맡았다. 야론 질버만과 함께 세스 그로스먼이 공동 각본을 섰다.

이 영화에서 '푸가(Fuga)'는 쟁쟁한 솔리스트들이 모여 결성한 현악 4중주단 이름이다. 음악 형식의 하나인 '푸가'라는 이름을 가진 이 현악 4중주단의 네 단원은 각각 스승과 제자, 부부, 옛 연인, 친구 등 개인적으로도 아주 가까운 관계이다. 25주년 기념 공연을 앞두고, 음악적인 면뿐만 아니라 정신적 멘토 역할을 하던 첼리스트 피터(크리스토퍼 워컨 분)

가 파킨슨병 초기 진단을 받게 된다. 피터는 은퇴 의사를 밝히고, 자기 대신 다른 유망 첼리스트 니나 마리아 리를 영입하기로 한다. 하지만 이 과정에서 단원 서로가 25년간 숨기고 억눌러 온 감정들을 드러내기 시작하면서, 4중주단은 최대의 기로에 서게 된다.

이 혼란스러운 과정에서, 어찌 보면 막장 드라마에서나 볼 수 있는 장면들이 연출된다. 25년간 제2 바이올린을 맡아 온 로버트(필립 세이모어 분)는 왜 자신이 제1 바이올린을 연주하면 안 되는지 불평하면서, 제1 바이올린 주자인 다니엘(마크 이바니어 분)과 싸운다. 홧김에 조깅 파트너이자 술집 댄서와 하룻밤 외도를 한다. 그 사실을 알게 된 아내이자 비올라 주자인 줄리엣(캐서린 키너 분)과도 큰 싸움이 벌어지고…. 그런가 하면 일시적이지만, 그들의 딸이자 역시 바이올린을 배우는 대학생인 알렉산드라(이모전 푸츠 분)는 스승인 다니엘과 불륜 관계를 맺기도 한다.

자신의 병으로 인해 '푸가 4중주단' 자체가 위태로워질 것을 염려하던 피터는, 자신의 마지막 무대가 될 25주년 기념 공연에서 베토벤의 〈현악 4중주 14번〉을 연주할 것을 제안한다. 이 곡의 가장 큰 특징은, 다른 현악 4중주곡과 달리 7악장으로 구성되어 있는데 악장 사이에 쉼이 없다.

귀가 들리지 않는 상태로 혼신을 다해 작곡한 이 4중주곡을, 자신의 현악 4중주곡들 중에서 '최고의 작품'으로 꼽은 베토벤은 악보 위에 "쉼 없이 연주하라."고 써놓았다. 그 영화의 줄거리와 맥이 닿아있는, 쉼 없이 연주하라는 사유思惟적 특성 때문에 베토벤의 그 작품이 영화적 감동을 더하는 게 아닐까 하는 생각이 든다. 강의 중에 피터는, 학생들에게 T. S. 엘리어트의 시「4중주」중 일부인 다음 시구를 읊어 준다.

"현재의 시간과 과거의 시간은/ 아마 모두 미래의 시간에 존재하고/ 미래의 시간은 과거의 시간에 포함된다./"

다분히 철학적 의미를 담고 있어 꽤 깊은 인상을 받은 장면이다. 음악을 잘 모르는 사람도 이 영화를 보면 현악 4중주의 특징을 알 수 있게 해 준다. 더구나 영화의 중심인 푸가 쿼텟(Quartet, 4중주)에 대해서도 이해하게 해 준다. 알렉산드라가 스승인 다니엘과 동행한 차 속에서 나누는 대화를 통해서이다.

알렉산드라가 다니엘에게 말한다.

"푸가 쿼텟이 왜 훌륭한지 말해 볼까요?...제1 바이올린을 맡은 선생님은 (자막엔 쓰여 있지 않지만, 의미상 내가 덧붙인 말이다) 냉혹하리만큼 정확한 연주로 관중들을 홀리잖아요."

다니엘이 답한다.

"마치 피리 소리에 홀려 춤을 추는 코브라들처럼."

그러자 제2 바이올린 파트를 맡은 아빠의 역할을 생각하면서 알렉산드라가 말한다.

"그 다음엔 우리 아빠가…연주에 색과 리듬, 그리고 질감을 더하죠. 선생님을 돋보이게 하고 강렬하게 만들지만 절대 선생님 앞으로 나서진 않아요."

그러자 다니엘이 끼어든다.

"훌륭한 제1 바이올린이 있는 4중주단의 경우, 제2 바이올린 실력이 연주의 수준을 좌우하지."

알렉산드라가 계속한다.

"그리고 우리 엄마가… 선생님과 아빠에겐 없는 소리의 깊이를 더해줘요. 그 소리를 들으면 왠지 눈물이 나죠. 상처받은 영혼의 소리라고 해야 하나? 3명의 주인을 동시에 모시기 위해 엄마가 고안해 낸 생존전략인 거겠죠. 자신의 파트너, 그리고 자신이 욕망하는 사람…여기에 마음이 너그러운 첼리스트까지 더해져 완벽해지는 거죠. 감정에 기술까지 더해져 관중들은 연주를 들으며 감동만 받으면 끝."

이 영화를 보고, 영화적 감동에 덧붙여 베토벤 음악의 위대함을 다시 한번 실감하게 되었다. 베토벤의 음악에 어울리는 시나리오로, 기억에 남을 만한 멋진 영화를 만들어 낸 야론 질버만과 세스 그로스먼에게 깊은 감사를 드려야겠다.

베토벤과 소울 메이트

　악성樂聖, 곧 음악의 성인이라 불린 베토벤은 음악가에겐 치명적인 난청 병을 앓고 있었음에도 세계 역사에 이름을 남긴, 많은 걸출한 작품들을 작곡한 분이다. 거의 3세기 전 태어났지만, 오늘날까지 그 위대한 음악가의 삶과 작품에 대해 숱한 이야기가 전해져 내려오고 있다. 그런 만큼 그의 삶뿐만 아니라 음악에 관한 문학작품은 물론이고, 관련 영화 또한 수 편이 제작되어 주목을 받았다.
　1994년 개봉된, 버너드 로즈 감독의 〈불멸의 연인〉이나 2006년 개봉된 〈카핑 베토벤〉 등이 대표적이다. 물론 영화인 만큼 가상 인물이 등장하고, 허구적 내용이 포함되어 있긴 하지만, 베토벤의 음악과 그의 인간적 면모를 느낄 수 있게 해 세인의 많은 주목을 받았다.

그중에서도 특히 <카핑 베토벤> 영화는 작지 않은 울림을 주는 명작이다. 베토벤을 연기하는 남자 주인공 헤드 해리스와 안나 홀츠를 연기하는 여자 주인공 다이앤 크루거의 연기력도 일품이지만, <♪환희의 송가♪> 합창이 등장하는 베토벤의 <교향곡 9번, "합창"> 4악장이 연주되는 작품이기 때문이다. 영화 곳곳에 등장하는 명대사 또한, 오랫동안 머릿속에서 떠나지 않는다.

"음악은 신의 언어야. 우리 음악가들은 인간들 가운데 신과 가장 가까운 사람들이지. 우린 신의 목소리를 들어. 신의 입술을 읽고 신의 자식들을 태어나게 하지. 그게 음악가야."

아마도 나뿐만 아니라 그 영화를 본 관객들이라면 누구나, 베토벤의 그 외침에 완전히 동화될 수밖에 없었을 것이란 생각이 든다. 귀가 완전히 먹은 상태에서 성악과 기악을 완벽하게 결합하여, 전혀 새로운 양식의 교향곡을 탄생시킨 베토벤의 위대함이, 그 외침을 통해 오롯이 우리 가슴에 와닿기 때문이다. 음악사에서 인정되듯이, 교향곡의 역사는 베토벤의 <교향곡 9번, "합창"> 이전과 이후로 나누어진다고 할 정도로 위대한 작품이기 때문이다.

영화 〈카핑 베토벤〉에서 수녀원에서 생활하던 안나 홀츠는 음악 대학을 최우등으로 졸업할 정도로 뛰어난 신예 작곡가였다. 베토벤의 악보를 정서하는 카피스트로 베토벤을 처음 만나게 된다. 둘 사이에 여러 가지 갈등이 존재했지만, 결국엔 〈교향곡 9번, "합창"〉의 초연을 앞두고 그의 작품을 카핑(copying) 곧, 정서하면서 초연을 지휘하는 베토벤을 돕게 된다.(실제로 베토벤은 자신의 〈교향곡 9번, "합창"〉을 직접 지휘하지는 않았다. 빈의 케른트너토르 극장 초연 당시 실제 지휘자인 미하일 움라우트 옆에 앉아서 각 악장의 템포를 지시하는 역할만 하였다고 한다. 영화이니까 그렇게 각색한 것이다.)

완전히 귀가 먹은 베토벤을 위해 오케스트라 뒤, 베토벤을 잘 볼 수 있는 곳에 숨어서 베토벤과 함께 손을 놀리는 안나 홀츠의 손동작과 표정은 이 영화의 압권이자, 감동적인 장면이다. 4악장이 연주되는 동안 베토벤은 안나 홀츠의 손동작과 표정을 바라보면서 지휘한다. 4악장의 뛰어난 음악과 함께하는 십여 분의 연주 시간 동안 오버랩 되는 두 사람의 표정을 보고 음악을 들으면서, '소울 메이트(soul mate)', 곧 '영혼의 동료'는 바로 이런 관계구나 하는 생각이 들게 했다. 이 영화를 보는 내내, 4악장의 아름다운 선율이 흐르는 가운데 두 소울 메이트 간에 오가는 영혼의 교감이 울려주는 강한 진동이, 뜨겁게 내 가슴속 깊이 느꺼졌다.

이 영화를 보다 보니, 문득 〈킹스 스피치〉가 떠올랐다. 2011년 개봉되어 그해 아카데미 시상식에서 작품상, 감독상, 남우주연상, 각본상을 휩쓴 명작이다. 간헐적 말더듬이 증세를 이겨내고 제2차 세계 대전 중 영국 국민을 하나로 뭉치게 하는 정신적 지주 역할을 훌륭하게 수행했던 조지 6세(엘리자베스 2세 여왕 부친) 왕과 언어 교정사 라이오넬 로그의 우정을 그렸다. 라이오넬의 손자가 쓴 책을 원작으로 하여 톰 후퍼가 감독하고 콜린 퍼스가 주연을 맡았다.

이 영화의 마지막쯤, 국민을 향한 중대 연설을 하게 된다. 간헐적 말더듬이 증세가 있었던 그가, 라디오 연설 스튜디오에서 라이오넬 로그의 손짓과 입을 바라보면서 대국민 연설을 하는 장면은 결코 잊을 수 없을 명 엔딩 장면이다. 그때 흐르는 음악이 바로 베토벤의 〈교향곡 7번〉 2악장(알레그레토)이다. 위에서 언급한 〈불멸의 연인〉과 〈카핑 베토벤〉에도 등장한다. 〈교향곡 7번〉 2악장 음악 없는 조지 왕의 연설, 과연 아카데미상을 수여할 만큼 그렇게 감동적인 엔딩 신이 될 수 있었을까? 상상할 수조차 없다.

느릿느릿하게 〈교향곡 7번〉 2악장 음악이 흐르는 가운데 조지 6세 왕이 로그의 손짓과 입술을 바라보며 대국민 연설하는 모습 또한, 〈카핑 베토벤〉에서의 베토벤과 안나 홀츠 사이 같은, 영락없는 소울 메이트의 모습이었다. 두 영화를 되뇌면서 머릿속에 떠오른 생각이다. 안나 홀츠나 로그처럼 내 삶에서도 나의 영혼을 지배하는, 그런 소울 메이트 한 사람쯤 있었으면 좋겠다는 생각. 베토벤 덕분임은 물론이다.

〈디베르티멘토〉

〈디베르티멘토〉 영화를 관람하였다. 17세 여성 지휘자가 창설한 청소년 오케스트라 이야기로 무척 감동적이었다. 프랑스에서도 4%밖에 되지 않는다는 여성 지휘자, 그것도 17세 지휘자인 주인공 자히아 지우아니가 오케스트라를 창설해, 청소년들을 위한 문화 활동을 한다는 줄거리를 가진 영화이다. 마리-카스티유 망시옹-샤르 감독 연출작으로, 제25회 서울국제여성영화제에 공식 초청되어 화제를 모은 작품이다.

영화는, 그녀가 지휘를 꿈꾸기 시작한 첫 순간부터 이야기가 시작된다. 파리에서 약 6km 떨어진 도시 팡탱에 살던 그녀는, 일곱 살 때 우연히 TV에서 방영되던 세르주 첼리비다케의 공연을 보고 지휘에 매료된다. 첼리비다케는 루마니아에서 태어나 독일에서 활동한 전설적인 지휘자이다.

그러나 파리가 아닌 시골 출신에다 이민자 출신이라는 지역적, 인종적 차별에다, 특히 지휘가 남성 고유의 직업이라는 직업적 편견 때문에 그녀의 꿈을 이루기가 쉽지 않다. 지휘자의 꿈을 안고 파리 한가운데 있는 명문 음악 고등학교로 전학을 가지만, 나이와 출신 지역, 성별의 높은 장벽을 헤쳐 나가야 한다. 동료들로부터, 심지어 그녀를 가르치는 선생으로부터도 무시와 놀림을 당한다. 그럼에도 불구하고 그녀는 모두가 잠든 밤에 랜턴 빛에 의지해 악보를 외우고, 작곡가들의 의도를 깨닫기 위해 고민하면서 지휘에 대한 꿈을 이어간다.

그런 과정에서 17세 된 소녀의 지휘에 대한 열정은 세계적인 마에스트로 세르주 첼리비다케의 눈에 띄게 된다. 하지만 완벽주의를 지향하며, 특히 여성 단원들을 혐오에 가까울 정도로 싫어한 그로부터의 배움도 만만치 않다.

하지만 음악으로 세상을 변화시키고 싶었던 그녀는 다양한 출신의 친구들을 모아 특별한 오케스트라를 결성하기로 마음먹는다. 자신이 출신과 성별로 차별받았기에 모두가 평등하게 클래식을 즐길 수 있다는 신념을 가지고, 출신·성별·인종을 달리하는 다양한 사람들을 단원으로

꾸린다. 이 '디베르티멘토'를 통해 많은 사람에게 클래식 음악을 전파하고 음악으로 세상을 바꾸겠다는, 작지만 큰 목표를 지녔다.

이 영화의 제목이자, 지우아니가 창설한 오케스트라 이름 〈디베르티멘토(divertimento)〉는 18세기에 유행한 기악 모음곡을 뜻한다. '즐겁게 하기'라는 뜻의 이탈리아어 디베르티레(divertire)에서 파생한 것으로 '희유곡嬉遊曲'이라고도 한다. 한결 형식이 자유로운 이 장르의 음악은 '여흥 음악'의 성격을 띠고 있다. 궁정이나 귀족 사회의 일종의 살롱 음악에 가까울 만큼 오락적 요소가 짙은 음악으로, 마음 편히 들을 수 있는 음악이라고 한다. 모차르트는 20여 곡의 디베르티멘토를 남겼다.

지우아니가 배우던 곡의 이름에서 따긴 했지만, 영화를 보면서, 아마 자신이 창설한 오케스트라 단원들이 부담 없이 자유롭게 음악 활동을 하도록 배려한다는 마음에서 그렇게 이름을 지었을 것이라는 생각이 들었다.

성별과 출신의 장벽을 넘어, 자신의 꿈을 실현하기 위해 한발 한발 앞으로 향해 나아가는 그녀의 발걸음에 가슴이 뭉클해지는 영화이다. 〈Animale〉(2024년), 〈눈물의 소금〉(2020년), 〈밤이여 안녕〉(2019년) 등에서의 열연으로 2017년도 세자르영화제 신인여우상을 받은 울라야 아마라가 지하우

역을 맡았다. 인물 연기뿐만 아니라 그녀의 카리스마 넘치는 지휘 연기가 무척 인상적이다. 나아가 실존 인물인 지우아니가 이 영화의 음악감독으로 참여해, 완성도 높은 오케스트라 사운드로 우리에게 들려주는 클래식 명곡을 감상할 수 있는 것은 덤이다.

디베르티멘토는 지금도 국제적으로 활동하는 저명한 오케스트라 중 하나로 손꼽히고 있다. 지우아니는 알제리 국립 오케스트라의 객원 지휘자를 시작으로, 유수의 오케스트라 지휘자로 활동 중이다. 또한, 디베르티멘토 아카데미를 설립해 매년 2만 명 넘는 청소년들에게 음악을 전파하고 있다.

영화 예고편을 보면, 카미유 생상스의 오페라 〈삼손과 데릴라〉 중 이국적인 〈♪바카날레 춤♪〉 선율이 등장한다. 〈♪바카날레 춤♪〉에는, 이민자 출신으로 온갖 편견과 디베르티멘토의 존폐 위기에도 용감하게 맞서면서, 음악으로 세상을 바꾸고자 한 자히아의 열정이 담겨 있는 듯하다.

하지만 이 영화를 보고 영화관을 나섰을 때, 개인적으로는 좀 착잡한 감정에 휩싸였다. 이 영화에서 쌍둥이 딸과 나이 차이 나는 아들을 둔 아버지는, 첼리스트인 작은 딸과 비올라 연주자이자 지휘자 지망생인 주인공 자히아를 위해 아주 헌신적이다. 딸들의 자유로운 악기 연습을 위해

방에 코르크 방음 막을 만들어 주기까지 하는, 헌신적인 아빠의 모습을 보면서 부끄러움이 몰려왔다. 영화에 등장하는 그 아빠와 비슷한 나이 터울로 2녀 1남을 둔 나의 모습과 자연스럽게 대비가 되었다.

  영락없이 0점짜리 아빠이다. 내 앞가림하느라 바쁘게 살아왔다는 건 핑계에 지나지 않는 듯하다. 어느 봄날, 영화의 감동이 채 가시기 전이었지만, 영화관을 나서는 내 가슴속 한편에 계절에 어울리지 않게 스쳐 지나가는 소슬바람은 막을 길이 없었다.

〈티치아노: 색채의 제국〉

언젠가 괴테의 『이탈리아 기행』을 읽으면서, 티치아노 베첼리오의 그림에 매료된 괴테의 모습을 상상한 적이 있었다. 책을 읽으며 르네상스, 베네치아 하면 떠오르는 화가, 티치아노를 조금 공부한 적이 있다. 자신의 회화 작품들로 16세기를 빛낸 화가로서뿐만 아니라, 자코포 틴토레토에서부터 페터 파울 루벤스, 앙투안 와토, 외젠 들라크루아 등 후대 화가들에게도 큰 영향을 미친 예술가라는 걸 알게 되었다. 〈우르비노의 비너스〉, 〈천상과 세속의 사랑〉, 〈성모 승천〉, 〈디아나와 악테온〉, 〈다나에〉 등의 고대 신화 및 성경 이야기를 주제로 삼은 그림에서부터, 펠리페 2세, 카를 5세, 교황 바오로 3세 등 당시 세력가들의 초상화에 이르기까지, 지금 우리에게도 익숙한 수많은 명화를 남긴 대화가라는 사실은 어느 정도 알게 되었다.

최근 티치아노를 다룬 영화 〈티치아노: 색채의 제국〉을 관람했다. 영화를 보면서, 동시대 사람들로부터 '별 가운데 있는 태양'이라고 불리며 646점의 작품을 제작한 그의 삶과 작품 세계에 대해 더욱 잘 알게 되었다. 특히 도판으로만 보아 오던 그의 명화名畵들이 대형 스크린 화면을 통해 내 눈 속에 들어올 때의 느낌은 색달랐다. 이탈리아뿐만 아니라 유럽과 미국의 도슨트(Docent)나 예술가들의 해설을 곁들이니, 그동안 내용을 모른 채 감상해 오던 티치아노의 작품들에 대해 더욱 잘 알게 되어 기뻤다.

이탈리아 역사에서 당시 경제적으로나 문화적으로나 번성을 누리던 베네치아 공화국에서, 강렬한 색채감으로 자신만의 화풍을 구사하며, 말 그대로 〈색채의 제국〉을 지배하는 그의 모습에서 깊은 인상을 받았다. "예술은 자연보다 강하다."는 좌우명으로, 〈색채의 제국〉을 구축하기 위해, 때로는 당대의 정치적, 종교적 권력자들에게 다가가는 티치아노의 모습을 보면서 야망에 불탄 그의 삶을 더욱 잘 이해하게 되었다. 특히 어린 나이에 당시 베네치아 공화국의 문화를 좌지우지하던 10인 위원회에 서신을 보내어 자신을 직접 홍보하는 모습이 아주 강렬한 인상을 남겼다. 데스테

가문, 곤차가 가문, 파르네세 가문, 합스부르크 가문과 같은 지배자 귀족 가문들과의 접촉은 물론, 카를 5세와 펠리페 2세의 스페인 왕국에 이르기까지 자신의 제국 영토를 확장해 가는 그의 사업가적 능력도 새롭게 본 그의 모습이었다.

티치아노는 서양 회화 사상 최초로 기마 초상화를 그린 화가로 알려져 있다. 영화에서, 카를 5세 황제의 초상화를 그릴 때, 티치아노가 떨어뜨린 붓을 카를 5세가 무릎을 꿇고 주우며 말한다.; "황제는 많지만, 티치아노는 단 한 사람뿐이네". 그만큼 한 시대를 풍미했던 예술가로서의 위대한 위상을 보여 주는 에피소드가 아닐 수 없다.

영화에서는 그의 그림에 등장하는 여인으로 알려진, 연인 체칠리아와의 사랑과 그녀와의 사이에서 태어난 세 아이의 가족사 이야기도 등장한다. 영화 〈티치아노: 색채의 제국〉에 등장하는, 행복과 불행이 겹치는 가족들의 이야기는, 슬프지만 아름다운 모습으로 내 가슴에 여울져 흘렀다. 종교와 신화의 완벽한 해석, 초상화가로서의 뛰어난 표현력에 덧붙여 강렬한 색채감, 그림마다 주제에 맞게 나타나는 세밀하고 개성적인 인물 표현 능력 등으로, 베네치아 공화국을 중심으로 티치아노에 의한, 티치아노를 위한, 티치아노의 〈색채의 제국〉을 지배했다.

서머싯 몸의 『인간의 굴레』와 『달과 6펜스』를 읽으며 마네의 <올랭피아>를 알게 되었을 때, 자연히 보티첼리의 <비너스의 탄생>과 조르조네의 <잠자는 비너스>와 함께 그의 그림 중에서 <우르비노의 비너스>를 접한 적이 있었다. 이번에 그 영화를 보면서, 티치아노의 여성 이미지는 실제 여성과 이상화된 이미지가 중첩된 것이며, 티치아노는 자신의 그림을 통해 현실과 상상을 넘어 절대적인 아름다움을 추구하는 위대한 예술가였음을 배우게 되었다. 또한, 이 영화에서는 그가 인물 묘사나 자연, 혹은 신화 등을 단순히 묘사하는 보통의 화가가 아니라, 혁신과 창조의 아이콘이었음을 증언하고 있다. 베네치아의 예수회 성당에 걸려 있는 <성 로렌초의 순교>는 고대의 조각상과 부조와 같은 고대 미술 형식으로, 달구어진 철판 위에 누워 있는 성인의 모습을 그리고 있다. 영화에서는, 이 그림이 당시 그려진 다른 그림들과 함께 유럽 전역에서 큰 성공을 거둔 '회화적 발명'이라는 평가를 내리고 있다.

  자신을 둘러싼 환경이 변화하자 또다시 새로운 혁신적인 화풍을 자신의 화폭에 담으며, 창조와 혁신의 아이콘으로 자리 잡아 가는 티치아노의 모습은 무척 감동적으로 다가왔다. 로마를 포함한 페라라, 우르비노, 만토바 등 이탈리아의 다른 도시뿐만 아니라, 카를 5세와 펠리페 2세의 스페인 왕국에 이르기까지 티치아노가 자신의 <색채의 제

국〉을 확장하는 동안, 베네치아에는 틴토레토 같은 젊은 화가가 새롭게 등장한다. 게다가 88세라고 하는 비교적 고령에 이르기까지 장수하였지만, 당시 유럽을 휩쓴 페스트로 죽음에 이르기 직전의 육체적 고통 또한 피할 수 없었다. 그럼에도 〈피에타〉 등에서 볼 수 있는 바와 같이, 그의 인생 후기, 자신이 평생 구사하던 화풍을 과감히 혁신하며 새로운 화풍을 화폭에 담은 그의 혁신적 변화는 많은 것을 생각하게 해 준다.

특히 융합적 시선으로 그림 감상하기를 즐겨하기에, 티치아노가 산타마리아 데이 프라리 성당을 위해 그린, 가로 3.6m, 세로 7m의 〈성모승천〉 그림과 바그너의 관련성은 나의 흥미를 끌었다. 1861년, 독일의 음악극 작곡가, 바그너가 작곡한 〈뉘른베르크의 명가수〉는 이 작품을 본 후, 황홀경에 빠져 영감을 얻고 작곡한 것이라는 사실을 알게 되었다.

영화 〈티치아노: 색채의 제국〉을 보고, 화가 티치아노에 대해 더 잘 알게 되었음은 물론이고, 명화 감상에 있어 나와 같은 비전문가들을 위한 도슨트의 역할이 얼마나 중요한가도 새삼스럽게 깨닫게 되었다. '아는 것이 힘'이라고 하지 않는가? 역시 아는 만큼 보이는 법인가 보다. 예술 작품을 감상하는 심미안審美眼을 더욱 키워야겠다고 다짐하면서 영화관을 나섰다.

4부

괴테의 희곡들 – 구원의 여성상

—

"꼭 베스트셀러 작가가 되어야 하나요? 내 친구, 내 가족, 누구라도 단 한 사람의 독자라도 내 글에 동감하고 그에게 감동을 줄 수 있다면, 그게 바로 진정한 작가가 아닐까요?"

– 「신변잡기 대 신변 수필 – 신변잡기를 위한 변명」 중에서

『강의실 너머』, 그 이후

『강의실 너머』, 여섯 번째 수필집이다. 에세이집을 포함하면 열한 번째 산문집이다. 출판사 측에서 북 토크를 마련해 주었다. 100여 명 정도 참석하였다. 60명 정원의 강의실에 보조 의자까지 설치해야 할 만큼 성황리에 개최되었다. 30분 정도 주제 강연을 하였으며 책 내용을 소개했다. 강연 후엔 30분 정도 질의-응답 시간을 가지기도 했다. 38년 6개월의 교수 생활을 회고하는 수필집인 만큼 글 내용에 신경을 많이 썼다. 퇴고 과정에서 가필·정정도 많이 했다. 그런 만큼 내가 생각해도 꽤 만족할 만한 수필집이 아니었나 하는 자부심도 없지는 않다.

어떤 작가이든, 자신이 펴낸 책에 대한 독자들의 반응이 궁금하긴 매한가지일 것이다. 그동안 이름 석 자 말하면 누구나 알 만한 유명작가가 아닌 바에야, 책 출간 사실만으로 만족할 뿐이었다. 인생길에서 만난 인연들, 살면서 사유思惟한 것들을 수채화처럼 담담히 기록하고, 그렇게 수시로 모은 글들이 바로 수필이란 문학 장르가 아니던가. 책을 낼 만큼 모인 글들이 차곡차곡 내 삶을 채워나가는 것만으로도 의미가 있음은 두말할 나위가 없다.

특히 이번 『강의실 너머』는, 이미 펴낸 다섯 권의 수필집들과는 여러 면에서 다르다. 그만큼 나로서도 특별한 의미를 지니는 수필집이다. 첫 번째로, 수필집의 제목과 같은 제목의 글이 하나도 포함되어 있지 않다. 수필집에 수록된 글 중에서 저자가 가장 대표작이라 할 만한 글 한 편을 골라, 그 글의 제목을 전체 수필집의 제목으로 정하는 경우가 일반적이다. 『강의실 너머』는, 같은 제목으로 쓴 글은 없지만, 수필집에 담긴 마흔여덟 편의 글을 전체적으로 가장 잘 아우르는 제목이라 여겨 의도적으로 붙인 제목이다. 수필집의 머리말에서 밝혔듯이, 내가 재직하던 대학교의 학생 신문사에서 발행하던 대학신문이 오랫동안 사용해 왔던 칼럼의 제목이었다. 재직 교수들을 위한 칼럼이었다. 이번 수필집의 출간 기획 단계에서부터 그 제목을 염두에 두었었다.

두 번째로, 이 책은 자서전이나 회고록과는 분명히 다르다. 어디까지나 수필집이다. 수필로 쓴 자전적 회고록이라 볼 수도 있겠지만, 한 편 한 편이 독립적인 수필들이다. 그렇지만 전체 수필집을 다 읽고 나면, 38년 6개월의 시간 동안 공과대학 교수 생활을 해 왔던 작가의 삶을 들여다볼 수는 있으리라.

세 번째로, 이 책에는 교육-연구-강의, 교수 생활의 3대 의무 중에서도, 특히 교육자로서의 스승 상에 대해 중점을 두고 쓴 글들이 대부분이다. 바람직한 스승 상에 대해 독자들과 함께 생각해 보고 싶었다. 올바른 스승이 되기 위해 오랜 세월 동안 고민하고 실천을 위해 노력해 왔다. 시간이 흐를수록 자신의 부족함만 더 크게 느껴지는 것 같아 진한 아쉬움이 남는다. 이 수필집에서, 영화와 문학책 등을 사례로 들며, 내가 닮고 싶었던 스승 상을 보여 주려고 애썼다. 하지만 과연 나 자신이 그런 스승의 삶을 잘 살아 왔는가 생각하니, 그러지 못한 자신이 더욱 부끄러워진다.

북 토크 이후 독자들로부터 다양한 반응을 접했다. 북 토크가 끝나고 몇몇 분들이 소감을 보내왔다. 대부분이 북 토크를 들으면서, "타임머신을 타고(30년 전 혹은 40년 전) 대학시절로 돌아간 듯한 소중한 경험"을 하였다는 내용이었다. 바로 내가 독자들에게 기대하던 그대로여서 매우 기뻤다.

북 토크 다음 날, 우리 대학교를 졸업하고 우리 대학 내 직장에서 근무하는 두 지인과 점심을 함께하게 되었다. 그 중 한 친구는 30여 년 전에 내가 지도교수를 한 적이 있는 동아리 회원 제자였다. 내 수필집에 실린 「사랑 한 개」란 작품을 읽고 느낀 바가 있어, 직원 모두에게 한 잔의 커피를 대접하였다고 한다. 그랬더니 "오늘, 무슨 날인가?" 하고 의아한 눈길로 직장 상사인 자신을 바라보는 눈길이 느껴졌다고 한다. 내 글을 읽고는, 오늘 자신들에게 건넨 한 잔의 커피가 자기 부하 직원들의 인생에 의미를 줄 수 있는 하루가 되기를 바라면서 그렇게 했다고 한다. 자기가 쓴 작품에 감동한 어느 독자가, 자신의 삶 속에서 그 작품에 적힌 내용을 교훈 삼아 그렇게 베풀었다는 사실을 듣고, 행복해하지 않을 작가가 어디 있겠는가? 밥을 먹으면서 가슴속이 뜨거워짐을 느꼈다.

  네 번째로 가장 중요한 것은 앞에서도 말했지만, 이 수필집은 수시로 모은 글들을 단순히 모은 책이 아니라, 처음부터 아예 제목을 정해놓고, 1년여의 시간 동안 제목에 적합한 글들을 의도적으로 집필한 글들을 모은 기획 출판이란 점이다. 38년 6개월의 긴 시간 동안 내 기억 창고에 소중히 간직된 기억을 불러내면서 쓴 글들이라, 애착이 가지 않은 작품이 없다.

문학의 최종 목적은 글을 매개로 한 작품 속에서 독자들에게 삶의 바람직한 나침반이 되어 주는 게 아닌가 한다. 수필가로 활동해 오면서 늘 그런 꿈들을 꾸어왔지만, 과연 내 꿈이 이루어져 왔던가 회의적일 때가 대부분이었다. 하지만 이번 수필집을 통해 나도 그런 진정한 문학가가 될 수 있지 않을까 하는 희망을 지니게 되었다. 더욱 정진해야겠다는 다짐을 저절로 하게 된다.

『도시와 그 불확실한 벽』

　최근에 번역되어 나온 무라카미 하루키의 신작 소설『도시와 그 불확실한 벽』을 읽었다. 우리에겐『상실의 시대』,『IQ 84』,『해변의 카프카』등으로 잘 알려진 일본 작가이다. 해마다 노벨 문학상 후보로 오를 정도로 세계적인 명성을 얻고 있는 작가이다. '소확행小確幸'이란 용어를 우리 일상생활에 각인시켜 줄 만큼, 해학적이고 뛰어난 문장력으로 쓴, 적지 않은 수필 작품으로도 우리에게 친숙한 작가이다.

　하루키가 6년 만에 발표한 작품이라고 한다. 이 소설의 1부는 1980년도에 발표된 바 있었는데, 이번엔 총 4부로 구성된 이른바 '완결판'이 발표된 셈이다. 이 소설은 17세의 남자 고등학생인 '나(일본어, 僕)'와 16세의 여고생인 '너(일본어, 君)'의 이야기로 시작되어, 마흔다섯 살에 후쿠시마의 어느 산골 마을 도서관장으로 일하게 된 나와, '옐로 서브마린' 소년의 이야기로 끝난다. 현실과 비현실의 세계를 넘나들며 이야기를 전개하는 방식이 마치『백년의 고독』과 같은 마술적 사실주의 작품으로, 1982년도 노벨 문학상을 받은 콜롬비아의 가브리엘 가르시아 마르케스를 연상하게 한다. 실제로 그가 후쿠시마현의 마을 도서관장으로 일하며 매주 월요일마다 들르는 찻집의 여주인과의 대화에서, 그녀가 읽고 있는『콜레라 시대의 사랑』이라는 책을 통해 마르케스를 언급하기도 한다.

이 소설에서 '나'와, 자신의 선대로부터 이어온 양조장 사업을 정리하고 마을 도서관을 만든 뒤, 실제 도서관의 모든 운영을 책임져 온 고야스 씨와의 만남과 대화는 여러모로 상징적이다. 왜냐하면 '내'가 만나는 고야스 씨는 살아있는 인간이 아니라 유령이기 때문이다. 유령과 실존 인물의 만남 자체가 마술적 리얼리즘이라 하지 않을 수 없을 것 같다. 게다가 이 소설의 중심 사상이라 할 수 있는 '벽으로 둘러싸인 도시'는, 실존하는 도시라기보다는 사람들의 마음속에 존재하는 가상의 도시이다. 그런 만큼 당연히 이 소설은 읽는 내내, 마치 한 편의 판타지 드라마를 보는 느낌이 들게 한다.

　현실 세계에서 열일곱 살의 남자 고등학생인 '나'는, 한 살 어린 여고생인 '너'를 만나 순수한 사랑을 나눈다. 그러다가 어느새 '벽으로 둘러싸인 그 도시'에서 현실의 세계에 그림자를 남기고 들어와, 매일 저녁 도서관에 비치된 '오래된 꿈'을 읽으며 그녀를 만나는 내용이 뒤섞여 있다. 이 책을 다 읽고도 고등학생이었던 '나'가 그 여고생을 실제로 사귀었을까 하는 의심이 들 정도로 비현실적이다. 그럼에도 그녀와 나눈 순수한 사랑의 기억 때문에 마흔이 넘도록 독신을 유지하며, 도쿄의 한 도서 출판 관련 업종에 종사하면서 회사원으로서 살아가는 '나'의 삶을 보면, 현실이 아니라고 생각하기에도 무리가 있는 듯하다.

　이 소설에서 현실과 비현실의 경계에서 뒤섞인 혼돈의 매듭은, 후쿠시마현 마을 도서관에서 매주 월요일 만난 삼십 대의 그 찻집 여주인과의 대화를 통해 어느 정도 풀리는 것으로 보인다. 하지만 이 찻집 여주인은 대학생 시절 연인을 만나고 결혼에까지 이르지만, 자신의 성적 욕구 불능으로 인해 결혼 생활이 깨어진 과거를 지니고 있다. 후쿠시마현 산골 마을에서 새롭게 만난 '나'와의 만남도 그걸 전제로 만남이 이루어진다. 이 역시 현실과 비현실의 경계에서나 가능한 만남일 것이다.

벽으로 둘러싸인 그 도시는 한번 들어가면 밖으로 나올 수가 없다. 도시에 단 하나뿐인 문엔 억센 문지기가 지키고 있다. 이 도시의 가장 큰 특징은 바늘이 없는 벽시계가 상징하듯, 시간이 의미가 없다. 동물도 오직 외뿔 달린 단각수單角獸, 한 종류밖에 없다. 그들은 적절하게 개체가 유지되긴 하지만, 겨울이 되면 먹을 것이 부족해 많은 단각수들이 죽음에 이르게 되고, 문지기에 의해 웅덩이에 묻히게 된다. 이 도시의 도서관에 있는 것도 책들이 아니라 '오래된 꿈'들 뿐이다. 사람들의 '오래된 꿈'들이 바로 이전에 살아왔던 사람들의 이야기를 담은 책에 해당하는 셈이다.

'나'는 그 도서관에서 '오래된 꿈'들을 깨우고 해석하면서, 도서관 사서로 일하는 '너'를 만나고 '너'를 집까지 데려다주는 역할을 맡는다. 이 도시에 사는 모든 사람은 자신의 그림자를 벽 밖에 두고 왔으며, 바깥에 있는 그림자는 어느 기간 생존하다 서서히 죽음에 이르게 된다. 하지만 '나'의 경우는 바깥에 남겨둔 그림자가 살아있었기 때문에, 밖으로 나올 수가 있었던 셈이다. 이 소설에서 바깥의 현실 세계에서 살아가는 '나'가 진짜 '나'인지, 아니면 '나'의 그림자가 살아가는지 헷갈릴 정도로 현실과 비현실의 세계가 오락가락한다.

이 소설 후반부에 등장하는 유령 도서관장 고야스('나'와 도서관 사서 소에다 씨만이 고야스를 보고 대화를 나눌 수 있다.)와 옐로 서브마린 소년의 존재 또한, 현실과 비현실의 경계에서 독자들을 마술의 세계로 이끈다. 특히 옐로 서브마린, 곧 하루키가 좋아하는 비틀즈의 애니메이션 영화 〈옐로 서브마린〉 옷만을 입고 다니는, 서번트 증후군을 가진 그 소년은 더욱 그렇다. 현실 적응이 불가능한 소년이기에, 학교 대신 매일 도서관에 출근한다. 책에서 읽은 지식이 머리에 가득 찬 소년이다. 다른 사람들의 생일이 무슨 요일인지 정확히 알아낼 수 있는 능력을 지닌 소년이다.

소설 후반부, 어느 날 갑자기 집에서 사라진 그 소년이, 바로 그 벽으로 둘러싸인 도시에서 '나'를 대신해 '오래된 꿈'을 읽는 역할을 맡게 된다. '나'의 경우는 '오래된 꿈'을 불러내기만 했지 제대로 해석할 능력이 부족했는데, 그 소년은 해석 능력까지 갖추고 있다. 한번 들어가면 밖으로 나오기가 불가능한 그 도시였지만, 소년 덕분에 '나'는 바깥 세계로 나오게 된다.

이 책을 읽고 나서는, 마치 일본판 마르케스 작품을 읽는 듯한 느낌이 났다. 역시 문장가답게 이 소설에도 밑줄을 치고 싶은 문장들이 많았다. 대표적으로 다음 두 문장을 소개하고 싶다.

"머리 위에 접시를 얹고 있을 땐 하늘을 쳐다보지 않는 편이 좋아요."

"믿는 마음을 잃어서는 안 된다는 것입니다. 무엇인가를 강하고 깊게 믿을 수 있다면 나아갈 길은 절로 뚜렷해집니다. 그럼으로써 이다음에 올 격렬한 낙하를 막을 수 있을 겁니다. 혹은 그 충격을 크게 누그러뜨리나요."

새겨들을 만한 교훈이다.

『도시와 그 불확실한 벽』

괴테의 희곡들과 구원의 여성상

최근에 19세기 독일의 대문호 요한 볼프강 폰 괴테(1749~1832년)가 쓴 다섯 편의 희곡 작품들, 곧 『괴츠 폰 베를리힝엔』, 『스텔라』, 『에그몬트』, 『이피게니에』 및 『토르콰토 타소』를 읽었다. 모두 5막으로 된 희곡 작품들이다.

괴테의 연보에 따르면, 『괴츠 폰 베를리힝엔』은 괴테가 22세이던 1771년 초고를 완성했으며, 개작에 가까운 수정을 거쳐 1773년에 출간되었다. 처음엔 익명으로 『무쇠 손 괴츠 폰 베를리힝엔』이란 이름으로 출간되었다. 『젊은 베르테르의 슬픔』보다 1년 앞선 작품이니 괴테가 발표한 최초의 대작이라 할 수 있다. 26세인 1775년에 『스텔라』와 『에그몬트』를 집필하였다. 『에그몬트』는 괴테가 26세에 초고 집필을 시작하였지만, 38세이던 1787년 완성했다. 『이피게니에』 초고는 30세인 1779년에 완성되었으며 38세인 1787년 이를 운문 형식으로 개작한 작품을, 친구이자 사상가였던 요한 고트프리트 헤르더에게 보내기도 했다. 한편, 『토르콰토 타소』는 31세인 1780년에 초고에 착수했으나, 2막까지만 진행하다 중단하였다. 40세인 1789년 완성되었다.

괴츠 폰 베를리힝엔은 16세기 신성 로마 제국의 기사이자 용병이었다. 젊은 시절 전장에서 오른팔을 잃고 강철로 만든 의수를 착용하고도 용병으로 이름을 날렸기에, '무쇠 손의 괴츠'라고도 불렸다고 한다. 괴테의 『괴츠 폰 베를리힝엔』은 괴츠가 참전한 전쟁을 바탕으로 쓴 회고록을 각색한 것이다. 이 작품엔 두 명의 여성이 대비된다. 곧 아델하이트와 마리아이다. 괴츠의 친구이자 정적이었던 바이슬링겐은 괴츠의 누이동생 마리아와 약혼까지 하나, 정치적 이유로 아델하이트와 혼인을 하게 된다. 대신 마리아는 오빠의 친구이자 정치적 동지인 시킹겐의 아내가 된다. 이 작품에서 아델하이트는 황제의 죽음 이후 벌어질 정치적 다툼에서 유리한 고지를 차지하기 위해, 남편인 바이슬링겐마저 버리려 하지만 결국 처형당한다. 마리아는 오빠 괴츠의 부탁으로 아델하이트에 의해 독살되어 죽어가는 바이슬링겐 곁을 지킨다. 이 작품에서 마리아는, 교활한 권력욕의 화신인 아델하이트에 대비되는 구원의 여성상으로 등장한다.

『스텔라』는 '세 사람의 혼인 관계'를 다룬 작품이다. 남자 주인공 페르난도는 가정을 버리고 스텔라라는 젊은 여성을 만난다. 다시 원래 부인인 체칠리에와 딸 루치에에게 돌아가기 위해 스텔라를 떠난다. 페르난도는 결국 정신적 방황 끝에 자결하고, 맑은 영혼을 가진 스텔라마저 안타깝게 스스로 목숨을 끊는다. 체칠리에는 자신을 떠난 남편은 물론이고 스텔라마저 받아들인다. 괴테는 이 작품에서도 완벽한 사랑의 모습을 보이는 고결한 영혼의 여성으로 체칠리에를 창조하였다.

에그몬트는 실존 인물이다. 1557~1559년에 있었던 스페인과 프랑스의 전쟁에서 스페인의 편에 서서 싸웠다. 1559년, 스페인의 황제 펠리페 2세는 에그몬트가 사는 네덜란드의 섭정으로 그의 누이 마가레테 폰 파르마를 보낸다. 『에그몬트』는 이러한 역사적 사실을 바탕으로 쓴 괴테의 비극 작품이다. 네덜란드에 대한 펠리페 2세 왕의 억압적 정책에 항거하다 그를 대신한 알바 공작에 의해 안타깝게 목숨을 잃게 되는 백성들의 영웅, 에그몬트를 그리고 있다. 이 작품에서도 에그몬트의 연인인 클레르헨은 '자유의 여신' 상으로 등장한다.

『이피게니에』는 괴테가 고대 그리스 신화에서 소재를 얻어 쓴 작품이다. 신화에 따르면 이피게니에는 미케네의 왕 아가멤논과 왕비 클리타임네스트라 사이에 낳은 딸이다. 트로이 전쟁 중 흑해 연안의 타우리스에서 아르테미스 여신의 신관으로 살게 된다. 그러다 남동생 오레스테스가 아폴론의 신탁에 따라 아르테미스의 신상을 찾아서 친구 필라데스와 함께 타우리스에 오게 된다. 체포되어, 동생인 줄 모르는 누이의 손으로 여신에게 제물로 바쳐질 운명에 처했다. 그러나 제물로 바쳐지기 직전에 서로 신분을 알게 된다. 그들은 여신 아테나의 도움으로 아르테미스의 신상을 찾아 그리스로 돌아온다. 이 작품에서도 순수함과 부드러움을 함께 갖춘 이피게니에를 통해 괴테는 구원의 여성상을 그리고 있다.

한편, 『토르콰토 타소』는 16세기 르네상스 시대 이탈리아 대표 시인이었던 토르콰토 타소의 생애를 각색한 작품이다. 궁정시인이었던 그는, 궁정 귀족들의 시기를 받아 정신적 방황을 겪었다. 괴테 시절엔 우울증을 앓은 천재 시인으로 알려져 있었다고 한다. 괴테는 이 작품에서, 집착이 강한 예술가와 주변인들과의 갈등을 묘사하였다. 이 작품에서도 레오노레 폰 에스테 공주는 예술을 사랑하며, 따뜻한 마음씨를 가진 이상적인 여성상으로 등장한다. 페라라 공국의 알폰스 2세 왕의 누이동생이다. 타소가 유일하게 흠모하는 인물이기도 하다.

괴테의 작품을 보면 여성에 대한 사랑과 동경심이 눈에 띄는 경우가 많다. 74세 된 노년일 때조차 손녀뻘인 18세의 소녀에게 구혼할 만큼 그의 화려한 여성 편력 때문임은 물론이다. 그레트헨과의 첫사랑이나, 친구 부인이었던 샤를로테 부프와의 사랑이 각각 『파우스트』와 『젊은 베르테르의 슬픔』을 낳았음은 주지의 사실이다. 더구나 그의 바이마르 공국 시절 만난, 샤를로테 폰 슈타인(de) 부인은 그의 삶 가운데 가장 이상적인 여인이었다. 일곱 아이의 어머니였다. 26세 때 처음 알게 되어 39세에 이르기까지 13년간 알고 지냈다. 우아하고 감성적인, "부인에 대한 애정과 동경, 절도와 체념 등의 내면적 평정심"이 『이피게니에』나 『토르콰토 타소』에 반영되었다. 하지만 39세 때, 그는 당시 23세이던 크리스티아네를 만나, 18년간의 동거 생활 끝에 57세 때 그녀와 결혼하게 된다. 평민이자 보잘것없었던 크리스티아네와의 동거 생활이 슈타인 부인과의 관계를 서먹하게 만든 원인이 되었을 것이란 생각이 든다.

　이번에 읽은 다섯 편의 희곡 작품에서도, 예외 없이 괴테가 그리는 구원의 여성상을 읽을 수 있었다. 비단 괴테뿐만은 아닐 테지만, 한 위대한 예술가의 삶을 스쳐 지나간 사랑의 경험이 작품 속에 어떻게 녹아 들어가 있는지를 사유思惟해 보는 계기가 되었다.

『빠빠라기』

　과학기술의 발달로 하루하루 생활이 편리해지고 있다. 그렇지만 그런 생활의 편리함이 과연 우리 삶에 언제나 이로움만 가져다주는 걸까? 반드시 그런 것 같진 않다. 최근 들어 우리 생활 주변을 돌아보면 과학기술의 이기利器들이 넘쳐난다. 이른바 4차 산업혁명 시대이다. 새로운 이기들의 활용으로 말미암아 우리 생활 전체에 큰 변화가 일어나고 있다. 우리들의 정신문화 세계에도 적지 않은 변화를 불러일으키고 있다.
　그런 4차 산업혁명 시대에 걸맞은 문명의 이기로 생활은 편리해졌다. 하지만 사람들, 특히 그런 새로운 과학기술 문명이 낳은 이기들에 빠르게 적응하는 젊은 세대들을 보면, 한편으로는 부럽기도 하지만 한편으로는 걱정이 되기도 한다. 요즈음 주변에 넘쳐나는 '가벼운 볼거리', '가벼운 읽을거리'로, 그들의 정신활동이 점차 둔화되는 건 아닌가 하는 걱정이 앞서기 때문이다.

요즈음 젊은이들의 정신 활동이나 취미 활동을 보면, 그들이 나이 들었을 때는 아마도 치매 환자가 기하급수적으로 늘지 않을까 하는 생각이 든다. 너무 앞서가는 생각일지도 모르겠다. 너무나 편리한 기기들이 그들에게 '생각하기 싫어하도록' 변화시키고 있는 건 사실이다. 실제로 휴대전화가 일상화된 요즈음, 휴대전화가 없던 시절에 비하면, 머릿속으로 외울 수 있는 전화번호가 점점 줄어드는 것을 누구나 느끼고 있지 않은가!

이런 변화의 추세 가운데, 최근 아주 오래된 책 한 권을 재미있게 읽었다. 『빠빠라기』라는 책이다. '처음으로 문명을 본 남태평양의 추장 투이아비 연설집'이란 부제가 붙은 책이다. '빠빠라기(Papalagi)'는 태평양 원주민들이 백인들을 부르는 사모아 말이라고 한다. '하늘을 찢고 온 사람'이란 뜻이라고 한다. 옛날 서양인 선교사들이 흰 돛단배를 타고 수평선 너머로 오는 모습이, 마치 하늘을 찢고 오는 모습처럼 비친다 해서 '빠빠라기'라는 말이 나왔다고 한다. 이 책은 문명과는 멀리 떨어진, 곧 반문명反文明으로 살아가는 원주민 지도자의 눈으로, 이른바 '문명사회'에 살고 있는 우리들의 모습을 거울처럼 보여 준다. '우스꽝스럽게' 보여 준다. 과학기술의 발달로 이루어진 문명사회를 아무런 불편 없이 살아가는 우리들의 모습이, 그들에겐 오히려 더 비정상적인 모습으로 비추어진다며 통렬히 비판하고 있다.

이 책은, 남태평양에 있는 조그만 섬 사모아의 추장이, 그곳에서 만난 독일 선교사(에리히 쇼일만)를 따라 유럽과 미국을 방문하고 귀국해, 원주민들에게 행한 연설문을 모은 책이다. 쇼일만은 1년 정도 사모아의 우풀루란 섬에서 추장인 투이아비와 가까이 지냈다. 그에게 서구 문명을 견학시키기 위해 그를 유럽과 미국으로 데려간 것이었다. 추장이 귀국해 사모아 섬의 원주민들에게 행한 연설문들을, 쇼일만이 독일어로 번역한 것이다. 1920년에 서구 문명사회에 소개했다. 첫 출간 당시엔 별 관심을 끌지 못했다. 약 60년이 지난 1976년에 독일 출판계에 재등장하고, 이 책이 세계 각지에서 번역 출판됨으로써 새롭게 주목을 받게 되었다고 한다.

우리에겐 익숙한 갖가지 문명의 이기들에 대한 신랄한 비판이 담겨 있다. 심지어 오늘날 우리 가운데 깊숙이 스며들어, 일상생활에서 아무런 생각 없이 받아들이는 것들―이를테면, 신문, 화폐, 옷, 전화, 냉장고, 아파트, 엘리베이터, 영화 등등-도 그 추장이 보기엔 정말 쓸데없는 것들이다. 오늘날의 우리 처지에서 생각하면, 너무나 원시적 삶을 살아온 그의 말이 황당하기 그지없이 들리기도 한다. 하지만 그의 연설문을 곱씹다 보면, 그의 주장을 결코 가볍게 웃어넘길 수만은 없다는 걸 깨닫게 된다. 그는 문명의 이기들 없이도 행복하게 살아가는 자신들의 삶에 만족하고, 그런 문명의 이기들에 현혹되지 말라고 원주민들에게 강조한다. 사모아 섬에서 그런 문명의 이기들 없이도 오순도순 살아가는 자신들이 더 행복하게 살아가고 있음에 만족하라고 설파한다.

  추장의 연설문들은 문명사회에 안주해 살아가는 우리가 제대로 인식하지 못하고 있던, 삶의 근본적인 가치들을 되돌아보게 한다. 우리는 4차 산업혁명 시대를 살아가고 있다. 그러니 무려 100여 년 전, 그것도 남태평양 조그만 섬에서 살아가는 원시인들의 삶이 오히려 이상하고 비현실적이라 생각할 수도 있겠다. 그렇지만 결코 가벼운 읽을거리라 웃어넘길 내용은 아니다. 읽을수록 그 의미가 더 깊어진다. 『빠빠라기』를 읽다 보니, 4차 산업혁명 시대를 살아가는 우리들의 삶이 그들의 삶에 비해 과연 더 행복한 삶일까를 다시 한번 생각하게 된다.

『기쁨의 노래』

『기쁨의 노래』, 일본 여류 작가 미야시타 나츠가 쓴 성장 소설이다. 2012년에 발매되어 일본에서 베스트셀러가 된 책이다. 내용도 그렇지만, 7개의 각 장 이름이 Do부터 Si까지 7개의 계명으로 되어 있어 음악 소설이라 할 수 있는 작품이다. 각 장의 제목들은 1995년부터 2005년까지 활동한 일본의 록 그룹, '더 하이로즈(The High-Lows)'가 부른 노래 제목에서 따왔다고 한다. 이를테면, '제5장. 솔-바움쿠헨'과 같은 식이다.(바움쿠헨은 나이테 케이크라고도 불리는 독일식 케이크 이름이다.)

여고 2학년, 같은 반 여섯 친구의 이야기를 다루었다. 그 중에서도 미키모토 레이가 중심인물이다. 온 세계로 연주

여행을 다닐 정도로 유명한 바이올리니스트인 싱글맘의 외동딸이다. 레이는 성악(메조소프라노) 전공으로 예술고등학교에 지원했다가 고배를 마시고, 신설된 사립 여고에 진학한다. 메이센 여자고등학교이다. 어쩌다 가게 된 학교인 만큼 1년 동안 의미 없고 친구도 없는 외로운 학교생활을 보낸다. 2학년이 되자, 음악 전공인 담임 선생님의 권유도 있었지만, 반장인 사사키 히카리가 리더십을 발휘하여, 레이가 속한 학급도 합창 경연 대회에 참가하기 위해 합창단을 만들게 된다. 유명한 음악가의 딸이라는 이유로 레이는 얼떨결에 지휘를 맡게 된다. 하지만 급조된 합창단인 만큼, 반원들도 무성의하게 연습하다 보니 학교 경연 대회에서 처참한 성적을 거둔다. 레이에겐 아픈 기억만 하나 더 보탠 셈이다.

그 후 어느 날 역시 학교 행사의 하나로 치러지는 겨울 마라톤 대회에 레이도 달리게 된다. 학생 전원이 참가해야 하기 때문이었다. 꼴찌로 결승점을 향해 학교 운동장으로 기진맥진 달려오던 레이는, 운동장 스탠드 한쪽에서 들려오는 경연 대회 당시의 참가곡 합창 소리를 듣게 된다. 합창 대회 땐 그리도 무성의하게 참가하던 몇몇 급우들이 레이를 응원하기 위해 준비한 합창곡이었다. 그때 담임도 〈♪아름다운 마돈나♪〉란 제목의 그 합창곡을 우연히 다시 듣게 된다. 내년 봄에 있을 3학년 선배들의 졸업 축하식 자리에서 그 곡으로 다시 합창을 준비하자고 권유한다. 우여곡절 끝에 새롭게 연습에 들어가게 된, 반 합창단이 레이의 지휘로 봄 졸업식에 단상에 오르게 되는 것으로 소설은 끝난다.

이 소설의 책장을 열면 첫 페이지는 다음과 같은 문장으로 시작된다.

"이를테면 세탁 바구니가 두 개 있다고, 운동장을 달리면서 나는 생각한다...오른쪽 바구니에는 세탁 전의 빨랫감이, 왼쪽 바구니에는 세탁 후의 깨끗한 옷이 들어있다. 실수로...왼쪽 바구니에 더러운 셔츠를 넣어버렸다면...잘못 넣어진 셔츠는 그 안에서 자기 자리를 찾지 못하고 누군가 꺼내줄 날만 가만히 기다릴 수밖에 없다...지금 나는 땀투성이에 꾸깃꾸깃해진 평범한 셔츠다. 빨아 말려 햇볕 냄새가 나는 셔츠들 속에 섞일 수 있을까? 운동장 한쪽에서 자유롭게 노래하는 저 아이들과 어우러질 수 있을까?"

바로 마라톤 대회에서 꼴찌로 들어오면서 레이의 머릿속에 떠오른 생각이다. 반면, 이 소설의 마지막 페이지는 다음 문장으로 끝난다.

"...지휘대로 향한다. 당당히 앞을 보고 가슴을 편다....지금 무대 위에는 이제부터 우리가 노래하는 기쁨만이 소용돌이친다. 60개의 눈망울이 나를 보고 있다. 내 오른손이 올라가기를 기다리며 숨을 죽인 채 두 눈을 반짝인다."

바로 합창 연습을 통해 레이가 어떻게 변화했는가를 보여 주는 해피 엔딩 결말이 아닐 수 없다.(소설엔 나오지 않았지만, 책장을 덮었을 때, 감동적인 합창으로 전교생들의 엄청난 박수갈채를 받지 않았을까 하는 생각이 들었다.)

이 소설에서는, 급우들 모두가 서로의 "등을 밀어주며" "나아갈" 때, 합창이 완성됨을 보여 주고 있다. 레이가, "듣는 사람이 기뻐하는 노래를", "미래의 나에게 자랑할 수 있는 노래를" 부르자고 다짐한다. "듣는 사람을 위해, 미래의 나를 위해" 노래하자고 급우들을 다독이는 장면이 아주 감동적이다. 발표회 날이 다가오자, 긴장하는 서로를 위해 가위, 바위, 보 놀이를 하면서 긴장을 풀고자 하는 여고생들의 모습도 그리고 있다.

저마다 아픈 사연을 안고 같은 학교에 진학하였지만, 합창 덕분에 레이를 중심으로 각자의 아픔을 극복하면서 하나가 되어 간다는 '성장 소설'의 표본 같은 작품이다. 겨울에서 봄으로 넘어가는 계절의 변화와 함께, 합창을 통해 변화해 가는 여섯 소녀의 성장 이야기가 읽는 이들의 마음을 따뜻하게 해 주는 소설이다. 12월 1일부터 3월 4일까지의 이야기이다.

이 작품에 등장하는 여섯 명의 주연 가운데, 레이에 못지않게 중요한 역할을 하는 두 명의 친구가 있다. 바로 반장 사사키 히카리와 피아노 반주자 하라 치나츠이다. 레이와 함께, 나름대로 방황하던 급우들 모두를, 합창을 통해 새롭게 태어나도록 이끈다.

이 작품을 읽다 보니 내가 몸담은 합창단의 모습이 저절로 떠올랐다. 레이와 히카리, 그리고 치나츠에게서, 감사의 마음과 함께, 합창단 지휘자, 단장, 그리고 반주자의 얼굴이 떠올랐다.

아울러 단원들 한 사람 한 사람이 떠올랐다. 여고 2학년 학생은 아니지만, 각자 살아온 삶의 모습들이 한결같지 않지만, 합창을 통해 하나로, 서로 '등을 밀어주면서' 멋진 제2의 삶을 향해 '나아가는' 모습들이 떠올랐기 때문이다. "연습을 거듭하면서, 노래하는 것이 얼마나 깊이가 있는 일인지를 알게 되었다. 이따금 모두의 소리가 정확히 어우러지면 합창의 즐거움이 느껴져 기쁨이 복받쳐 올랐다."- 합창경연대회 때 반원이 다 함께 <♪아름다운 마돈나♪>를 준비하면서 히카리 반장의 마음속에 든 이 생각이, 곧 우리들의 마음일 것이라는 생각이 떠올랐기 때문이다.

『기쁨의 노래』

《수필》 100호 발간에 즈음하여

 내가 몸담은 수필부산문학회가 발간하는 《수필》이 지난해 가을호로 지령 100호를 맞았다. 1963년 7월 15일, 대한민국 최초의 수필 전문 문학지인 《essay》를 발간함으로써 역사적 첫 발걸음을 뗀 지 60년이 지났다. 제2호부터 본격적으로 시대의 흐름에 발맞춰 《수필》로 개명하였다. 반연간지 형태로 체재를 바꾸며 지속적으로 발간되어, 지난해 가을 드디어 지령 100호를 발간한 것이다.
 《수필》지 100호 발간은 수필부산문학회의 커다란 자부심이다. 한 해에도 신생 문학지들이 숱하게 이름을 드러내지만, 이런저런 사정으로 얼마 가지 않아 슬며시 폐간되는 세태인 점을 생각하면, 60년의 오랜 전통을 지닌 수필 전문지란 자랑은 아무리 많이 해도 넘쳐나지 않을 듯하다. 사람살이엔 이런 말을 하면 팔불출이라 불릴 수도 있겠다. 하지만 그만큼 수필부산문학회의 회원들에게뿐만 아니라, 대한민국 수필문학계에도 큰 의미를 지닌다고 말하지 않을 수 없다.

100호 편집에 앞서 창간 60주년을 기념하기 위해, 창간호 《essay》를 포함해 그동안 발간된 《수필》 2~99호를 개괄할 기회가 있었다. 창간 당시 김병규, 김일두, 박문하, 이남원, 오도환, 정신득, 장성만, 허천 등 여덟 분이 모여 수필부산동인회를 창립하고, 《essay》를 발간하였다. 곧이어 2호 《수필》의 발간 때에는 요산 김정한, 김병태, 박지홍, 세 분이 더 참가하였다. 이렇게 초창기부터 부산시의 내로라하는 명사 문인들이 수필부산문학회와 《수필》에 참여함으로써, 초창기부터 《수필》과 《수필》을 발간하는 수필부산문학회는 부산 문단의 중심일 뿐만 아니라, 대한민국 문학계에서도 주목받는 문학단체가 되었다.

그동안 수필부산문학회를 거쳐 간 역대 회장들과 임원 등을 비롯하여 회원들의 노력 덕분일 것이다. 아울러 지금은 영면해 있는 작고 회원들 모두의 헌신과 봉사에도 고마워해야 할 것이다. 게다가 부산문화재단을 비롯하여, 《수필》지를 물심양면으로 지원해 준 모든 문학단체나 개인적인 은인들에 대한 감사도 잊어서는 안 될 것이다.《수필》지를 발간하고 있는 육일문화사의 수고에 대한 감사도 물론이다.

60년 역사 동안 발전을 거듭한 수필부산문학회는, 2018년에 창립 회원이자 독립운동가 집안으로도 유명한 의사 수필가 우하 박문하 선생을 기리는 〈우하수필문학상〉을 제정하기도 했다. 전국 수필인들을 위한 공모 형태로 2020년까지 세 차례 수상자를 배출하였다. 〈우하수필문학상〉은 2021년에 부산시 동래구로 이관해 〈우하 박문하 문학상〉이란 이름으로 계속 운영되고 있다.

유구한 전통을 지닌 《수필》인 만큼 100호 발간은 그만큼 더 각별한 의의를 지닌다 하겠다. 그동안 《수필》에 발표된 주옥같은 작품들은 수필 문학 발전에 큰 도움이 되어 왔다. 실제 《수필》에 발표된 이런저런 작품들을 중심으로 활발한 문학 활동을 수행해 온 수필부산문학회의 전·현 회원들은, 전국적으로 이름 있는 다양한 문학상을 휩쓸 정도로 역량을 인정받아 왔다.

2023년 현재 수필부산문학회 회원들은 약 30여 명의 회원으로 구성되어 있다. 초창기 선배들의 뛰어난 문학적 역량을 본받아 모두 왕성한 문학 활동, 특히 수필 문학의 발전을 위해 열심히 활동하고 있다. 하지만 과거와 현재의 영광에만 안주해서는 발전이 없을 것이다.

  미래를 향해 나아갈수록 어떤 단체든 발전이 계속될 것임은 두말할 나위가 없다. 60년 전에 선배들이 뿌린 씨앗을 바탕으로 수필부산문학회와 《수필》이 60년 수령의 나무로 자라왔다면, 향후 60년 후는 더 큰 거목으로 키워야 할 책임이 회원 모두의 어깨 위에 놓여 있다. 《수필》 150호나 200호는, 수필 문학계를 뛰어넘어 부산 문학계는 물론, 대한민국 최고의 문학지라는 거목으로 키워야 할 사명감을 잊어서는 안 될 것이다.

  그렇게 하려면, 단순히 《수필》이라는 한 권의 동인지를 발간하는 데 급급할 게 아니라, 여기에 투고되는 회원 각자의 작품들이 최고·최선의 작품들이 되어야 할 것이라는 생각이다. 회원 각자에게 지워진 책임이 무거운 만큼, 회원 한 사람 한 사람이 작품을 집필할 때도, '《수필》에 수록된 내 작품이 대한민국을 대표하는 최고의 작품일 것이다.'라는 자부심과 사명감을 가졌으면 한다.

    – 이 글은 《수필》 100호 권두언을 개작한 것이다.

수필 신인들을 위한 작은 조언

 문학지 신인상 응모 수필 작품 심사를 할 때가 종종 있다. 그럴 때마다 자주 드는 생각이 있어 함께 나누고자 한다. 등단을 목적으로 응모하였을 테니 나름대로 수필 쓰기 공부에 정진하였을 것이다. 작품들을 읽다 보면, 수필의 정석을 따라 공부한 흔적들이 보인다.
 수필은, 작가 자신의 체험과 삶을 주변 자연, 혹은 시대적 배경과 관련지어 작품으로 형상화한 문학 장르이다. 수필은 쓰는 이의 삶의 궤적이나 생각하는 방식 또는, 때로는 글 쓰는 습관에 따라 다양하게 표현된다. 수필의 매력이다.
 문학 장르 중에서도 수필이 갖는 가장 큰 장점은 글 속에 삶의 진실이 담겨 있다는 점이다. 자연이나 사물, 혹은 인간의 감정들을 짧은 시어詩語로 담으면 시가 되고, 허구의 이야기를 담아 건져내면 소설이 된다. 하지만 보는 그대로, 느꼈던 그대로의 모습을 글로써 진솔하게 풀어놓으면 수필이 된다.

이 글을 쓰고 있는 나 자신도 아직 수필가로서 완성된 작가라고 생각하지 않는다. 아직도 수필 공부를 더 깊이 해야 한다고 자주 느끼고 있다. 그렇지만 수필가의 길을 먼저 걸은 작가의 한 사람으로서, 이참에 수필에 대한 몇몇 단상斷想을 풀어놓을까 한다. 심사 과정에서 느낀 수필 신인들의 글에서 가끔 느끼게 되는 안타까움 때문이다.

우선 제목에 대한 단상이다. 작품의 제목이 전체 글 내용과 거리가 있는 작품들도 종종 눈에 띈다. 원고지 15매 내외 분량의 글에 모든 소재와 사유思惟를 담는 수필이다. 본문에 전혀 사용되지 않던 어떤 단어를 은유적으로 제목에 사용한 경우를 가끔 본다. 물론 시나 소설이라면, 제목부터 독자들의 관심을 끌기 충분할 것이다. 하지만 아무리 멋진 제목이라도 작품 내용과 동떨어지거나 너무 도약해서 붙여진 제목이면, 어딘지 어색하게 여겨질 때가 적지 않다.

다음으로 글의 경제성에 대해 강조하고 싶다. 문학작품으로서의 수필이 완성되려면, 최소한의 요구 조건이 있다. 문학작품으로서 꼴을 갖추려면, 전체 글의 통일성, 완결성,

명료성, 균형성 또는 경제성 등이 갖추어져야 할 것이다.

수필 쓰기에 있어, 특히 '경제성'의 원칙을 좀 더 유념하면 좋겠다는 말씀을 드리고 싶다. 신인상 응모자들의 글들을 읽다 보면, 필요 없는 문장이나 과장된 문장들이 자주 눈에 띈다. 군더더기 문장들을 과감히 삭제하면, 더 나은 작품이 나오지 않았을까 하는 안타까움을 자주 느낀다. 때로는 글의 주제와 아무런 관련이 없는 문단들이 생뚱맞게 등장하기도 한다. 왜 그 문장들이 포함되어 있는지 이해가 되지 않을 때도 있다. 때로는 사족에 불과한 문장도 섞여 있음을 보게 된다.

경제성 원칙을 신경 쓰지 않다 보면, 글 전체 주제의 예술성과 통일성 측면에서 명백한 감점 요인이 된다. 문장의 과감한 삭제가 필요할 때가 많다. 그래야 읽는 이들에게 작가의 시선을 따라가며 읽는 즐거움을 더 크게 느끼게 해 준다.

때로는 글짓기의 '기본'이 부족한 글도 가끔 눈에 띈다. 주지하다시피 기초와 기본은 분명히 다르다. 사물의 근본이 물론 '기초'이지만, 이러한 '기초' 위에 글 쓰는 이의 자세나 품위, 나아가 철학을 더할 때, '기본'이 된다. 따라서 그냥 글을 쓸 줄 안다는 '기초' 차원을 넘어, 글을 제대로 쓸 줄 아는 '기본'을 바탕으로 수필을 쓰는 자세가 대단히 중요하지 않을까 하는 생각을 평소에 지녀 왔다. 수필 문학의 품위를 위한 자세가 갖춰져야, 제대로 "수필을 쓴다."라고 말할 수 있을 것이기 때문이다. 글쓰기의 'ㄱㄴㄷ'인 맞춤법이나 띄어쓰기, 구두점 찍기 등의 기본은 물론이다. 수필을 제대로 쓰려면, 글쓰기에 필요한 기본적인 자세, 가령 습작 훈련뿐만 아니라 평소에 많이 읽고, 많이 생각하는 훈련을 거듭해야 할 것이다.

심사하다 보면, 이런 기본이 잘 지켜지지 않은 작품들이 예상외로 많다. 심지어 문학 공모전 같은 심사 때도 종종 눈에 띈다. 작품 제출 전 퇴고에 퇴고를 거듭해서 작은 실수라도 없도록 신중해야 할 것이다. 문학성과 예술성은 그 다음이다.

물론, 글의 내용이 생명임은 두말할 나위 없다. 글 속에 작가의 체험을 바탕으로 한, 깊은 사유가 담겨 있어야 한다. 이른바 신변잡기에 머물러서는 안 되고, '수필'로 승화시켜야 한다. '삶의 진실이 묻어나는 글이 감동을 부른다.'는 문학의 보편적 진리를 항상 되돌아보면서 수필 작품을 쓰는 노력을 하면 좋겠다. 신인 작가들이 계속 정진하여 우리 문단을 빛내는 멋진 수필가로 거듭나길 바라는 마음 간절하다.

* 사족 – 이 글은 제목 그대로 수필가를 꿈꾸는 수필 신인들을 위해 작성한 원고이지만, 사실은 글을 쓸 때마다 항상 나 자신을 타이르는 반성문이자 경고문警告文이기도 하다.

60대 어른의 청소년 소설 읽기

 독서의 계절, 깊어가는 가을과 함께 세 권의 청소년 소설들을 읽었다. 김여령의 『완득이』, 손원평의 『아몬드』, 그리고 미야시타 나츠의 『기쁨의 노래』이다. 청소년들을 주인공으로 한 청소년들의 이야기들이, 육십 줄이 넘은 다 큰 어른에겐 어떤 느낌으로 다가올까 궁금해서였다. 『완득이』와 『아몬드』, 그리고 『기쁨의 노래』, 세 작품 모두, 발표 당시부터 각각 한국과 일본에서 상당한 인기를 누린 베스트셀러 작품이란 공통점이 있기 때문에 더욱 그랬다.
 우선 『완득이』는 도완득이란 남녀공학 고등학생 이야기이다. 난장이인 한국인 아버지와 베트남인 어머니 사이에서 태어난 다문화 가정의 아이이다. 완득이는 자신을 낳자

마자 떠나버린 어머니 대신 아버지 슬하에서 자란다. 난장이라는 신체적 결함으로 말미암아 사회적으로 환영받지 못하는 상황이다 보니, 카바레에서 춤을 추면서 육아를 담당한다. 그런 환경에서 자라온 완득이가 고등학교에서 똥주라고 부르는 별난 담임을 만나게 되고, 혁주, 준호, 윤하 등 학교 급우들을 만나며, 여러 가지 삶의 질곡을 경험하면서 성장통을 앓게 된다. 외견상 교회로 보이는 외국인 노동자 쉼터를 들락거리게 되고, 이 때문에 똥주 선생의 주선으로 갓난아기 때 자신들을 떠난 어머니를 다시 만나게 된다. 그리고 집 근처 킥복싱 체육관을 들락거리며 킥복싱을 배우게 되면서 이야기가 전개된다. 인기를 끈 작품인 만큼 영화와 연극으로 무대에 올려지기도 한 작품이다.

또한,『아몬드』는 뇌 속에 있는 복숭아씨를 닮은 편도체, 곧 아몬드가 너무 작아서 감정표현 불능증, 특히 공포나 분노를 느끼지 못하는 병을 가진 채 성장하는 윤재라는 아이의 성장 이야기를 줄거리로 한다.『아몬드』역시 남녀공학 고등학교 친구들인 윤재와 곤이, 그리고 도라라는 여학생을 중심인물로 하여 청소년들의 성장을 다룬 소설이다. 윤재는 헌책방을 운영하는 어머니와 외할머니와 함께 살아간다. 어느 겨울날 크리스마스 선물을 사고자 백화점에 들렀다가, 이른바 '묻지 마' 칼부림 남자에 의해 외할머니가 급사하고, 어머니는 중태에 빠지게 된다.

한편, 『기쁨의 노래』는 여자고등학교 2학년, 같은 반 여섯 친구들의 이야기를 다루고 있다. 미키모토 레이가 중심인물이다. 유명한 바이올리니스트인 싱글맘의 외동딸이다. 1년 동안 의미 없고 친구도 없는 외로운 학교생활을 보내다, 2학년이 되자, 음악 전공인 담임 선생님의 권유로 학급 대항 합창 경연 대회에 나가게 된다. 레이는 지휘를 맡는다. 반장과 급우들, 특히 다른 다섯 명의 급우들과 연습 과정에서 갈등하게 되는데, 그럼에도 점차 화합하며 하나가 되어가는 과정을 줄거리로 하고 있다. 이 소설에 이어 『끝나지 않은 길』이라는 속편 소설을 통해, 그 여섯 친구들의 후일담에 대해 들려주고 있다.

세 작품의 작가가 모두 여류작가라는 점이 공통점이다. 김여령 작가와 손원평 작가는 우리나라 작가들인 반면, 미야시타 나츠는 일본 작가이다. 1967년생인 미야시타 나츠가 1971년생인 김여령 작가보다 4살이 많고, 1979년생인 손원평 작가가 제일 어리다. 『완득이』는 2008년, 곧 작가가 37세 때, 『아몬드』는 2017년 작가가 38세 때 발표한 작품이다. 『기쁨의 노래』는 2012년, 곧 작가가 45세 때 발표한 작품이다. 세 작가 모두 청소년기를 거쳐 온 기성세대 작가들이지만, 청소년 시각으로 청소년들의 삶을 생각하며 작품들을 발표한 셈이다.

 세 작가 모두 여류작가란 공통점에 걸맞게, 청소년들에 대한 여성 특유의 섬세하고 따뜻한 모성애적 시선으로 발표한 작품이란 점에선 차이가 없을 듯하다. 더구나 한국이냐, 일본이냐 하는 두 다른 나라의 국민성과 문화적 시각의 차이로 두 작품을 비교하는 건, 별로 의미가 없을 듯하다. 세 작품을 비교해 읽었을 때 솔직히 내게는, 『완득이』보다는 『아몬드』를, 『아몬드』보다는 『기쁨의 노래』를 읽었을 때의 즐거움이 더 컸다.

 『완득이』는 제1회 창비청소년문학상을 받았을 정도로 우수한 작품이다. 때문에, 우리 사회에서 청소년 필독 권장 도서로 추천된 작품이다. 그럼에도 불구하고 『완득이』이야기에 나오는 완득이의 이야기가 우리나라의 보편적인 청소년들 이야기일까 하는 의문이 들어서 읽기가 좀 불편했다. 나의 학창 생활을 생각하면, 요즈음 고등학생들의 생활 방식보다는 훨씬 더 건전했던 것으로 기억된다. '건전하다'는 의미를 어디까지 정확하게 규정해야 될지 모르겠지만, 적어도 친구들 사이 대화에 아무렇지도 않게 쌍욕이 섞이고, 폭력이 등장된 바는 없었던 것으로 기억되기 때문이다. 하지만 외국인 이주 노동자 문제라든가, 옥탑방, 장애인, 다문화 가정 등, 오늘날 한국의 사회 환경이 배경으로 된 소설이다 보니, 한국 사회의 현재를 살아가는 오늘의 청소년들 가슴엔 더욱 와닿는 자신들의 이야기일 수도 있겠다는 생각도 든다. 이런 점에서 육십 줄에 든 독자의 정서와는 좀 맞지 않는 듯하여, 나 자신 벌써 '쉰 세대'에 깊숙이 스며들지 않았나 싶어 머쓱해진다.

『아몬드』 또한, 제10회 창비청소년문학상을 받았다. 하지만 내 개인적인 취향으로 보면, 『완득이』에 비해 훨씬 더 깊은 울림을 주는 작품이다. 뇌 속의 작은 아몬드로 인한 병 때문에 분노와 공포를 느끼지 못하는 윤재의 성장을 지켜보면서, 윤재에게 동감하고 윤재와 아픔을 함께한다는 생각을 가지고 책을 읽었기 때문이다. 특히, 이 소설의 줄거리가 주는 감동에 덧붙여, 소설 속에 나오는 문장, "자란다는 것은 변한다는 것"을 의미한다는 내용이, 이른바 성장 소설의 핵심을 뚫고 있기 때문이기도 했다.

한편, 『기쁨의 노래』를 다 읽고 책장을 덮었을 때는, 마음속으로 잔잔한 감동의 물결이 일렁거림을 느꼈다. 아마도 먼 옛날(?) 김래성의 『쌍무지개 뜨는 언덕』을 읽고, 〈저 하늘에도 슬픔이〉 같은 영화를 보며 울고 웃었던, 우리 세대 독자들에겐 이런 감동적인 청소년 상을 더 선호해서 그럴 것이란 생각이 든다. 우리 세대 고등학교 시절을 지내온 어른들의 머릿속에 남아있는 학창 시절을 생각하면 더욱 그렇다. 경제적인 빈부나 가정의 행·불행 여부에 관계없이, 적어도 요즈음 세대 청소년들과 비교하면, '정서적으로는 더 순수했던' 시절을 지내 온 세대라 그런 생각이 들었을까?

  모를 일이다. 작품에 대한 감상은 일단 작가의 손을 떠난 다음엔 독자들의 몫이니 각자 다르게 받아들일 수밖에 없을 테니까, 위 세 작품을 쓴 작가분들도 이해해 주겠지?

『무지갯빛 성장 소설 이야기』

 '교양 소설(Bildungsroman)'은, "어른이 되어가는 어린 주인공의 심리적이고 도덕적인 성장에 초점을 맞추는 소설"로 정의된다. 보통 본격적인 교양 소설의 기원으로는, 1795~1796년 무렵 발간된 괴테의 『빌헬름 마이스터의 수업시대』를 꼽는 게 일반적이다.
 '교양 소설'은, 때로는 '성장 소설' 혹은 '발전 소설'이라 불리기도 한다. 어떤 한 주인공이 어른이 되어가면서 겪는, 심리적이고 도덕적인 성장에 초점을 맞추는 소설이라면, 모두 '교양 소설'인 동시에, '발전 소설'이며 '성장 소설'에 해당된다. 줄거리의 시작이 주인공의 탄생에서부터이든, 어린아이에서부터이든, 아니면 사춘기 소년이나 혹은 이

제 막 성년에 접어든 스무 살의 청춘이든 상관없을 것이다.

공과대학 교수로서 40년 남짓 재직해 오면서, 전공 서적 이외의 교양 도서를 잘 읽지 않는 학생들을 볼 때마다 늘 안타까웠다. '어떻게 하면 젊은 학생들에게 책을 읽게 할 수 있을까?' 하는 생각은 늘 머리에서 떠나지 않았다. 더구나 요즈음 학생들은 쇼츠(shorts) 영상이나 짧은 글에 익숙한 세대이다 보니 더욱 그런 생각이 많이 들었다. 인류의 정신 유산이라고 하는 품격 있는 도서들, 특히 학생들의 성장에 도움이 되는 교양 소설 혹은 성장 소설만이라도 읽게 하면 얼마나 좋을까 하는 생각을 늘 품어왔다.

공대 교수로서 교육뿐 아니라 연구 활동에도 바쁘다 보니, 사실상 그렇게 성장 소설을 다룬 책 소개를 할 시간을 만들기가 쉽지 않았다. 정년 퇴임을 하게 되니, 비로소 조금은 여유 시간을 가지게 되었다. 우리 대학생들, 나아가 청소년들을 위한 성장 소설 입문서라도 출간하면 좋겠다고 생각하게 되었다. 책 전체를 읽지 않더라도, 인류의 유산으로 전해진 성장 소설의 주요 내용, 집필 배경, 소설을 쓴 작가 소개와 그의 작품 세계를 조금이라도 이해할 수 있는 길라잡이 같은 책을 펴내리라 생각했다.

예전에 읽었던 책은 물론이고 읽지 않았던 책들도 찾아 읽으면서 집필을 시작하였다. 3년여의 준비 기간 끝에 드디어 『무지갯빛 성장 소설 이야기』란 제목으로 책을 펴내게 되었다. 출판 과정에서 '성장 소설'과 '교양 소설', 어느 쪽 이름을 사용할지에서부터, 어떤 제목으로 책을 펴낼지 등에 대해서도 상당히 고심하였다.

비 그친 후 맑은 하늘에 걸쳐 있는, 빨강, 주황, 노랑, 초록, 파랑, 남색, 그리고 보라색, 일곱 색 고운 빛깔의 무지개는 우리 마음도 밝게 채색한다. 그런 연유로 청소년들은 물론이고, 우리 인생에서 희망적인 미래를 이야기할 때, 흔히들 '무지갯빛 미래' 혹은 '장밋빛 미래'라고들 한다. 내 책의 제목을 '무지갯빛 성장 소설 이야기'라 정한 까닭도 여기 있다. 성장 소설로 분류된 작품들을 통해 청소년들의 교양 진작은 물론이고, 독자들, 특히 젊은 독자들 앞날의 희망적인 인생 설계와 비전 제시에 간접적이나마 도움이 되었으면 하는 바람에서였다.

어떤 책인들 준비 과정이 힘들지 않을까마는, 이 책의 준비 과정 또한 쉽지 않았다. 공대 교수로서 40년간의 세월을 보낸 터라, 인문학적 내용을 담은 책을 펴내는 게 쉽지만은 않았기 때문이다. 여하튼 나를 거쳐 간 공과대학 학생들을 생각하면서 책을 선정하고 자료를 준비하였다.

책에는 크게는 스무 권의 성장 소설에 관한 이야기들이 담겨 있다. 3부로 구성했다. 제1부와 제2부 및 제3부에 나눠진 작품들의 분류는 전적으로 내 취향에 따라 이루어졌다. 주인공의 성장 자체를 다룬 이야기들인가, 아니면 주인공들의 성장을 둘러싼 환경 변화가 한 개인의 삶에 미친 영향을 더 주목해서 읽어야 하는가에 따라 나누었다고 말해야겠다. 그런 연유로 작중 인물들이 친구들과의 우정을 통해서 성장하는 모습을 보인 작품들은 제2부에 묶었고, 시대, 환경적인 영향을 다룬 작품들은 제3부로 묶었다.

 괴테의 『빌헬름 마이스터의 수업 시대』, 헤세의 『유리알 유희』 등, 7편의 소설을 다룬 제1부의 작품들에 대해서는 대략 25쪽 내외로 상세한 분석을 담았다. 대신 제2부(디킨스의 『위대한 유산』, 레마르크의 『서부 전선 이상 없다』 등, 7편 수록)와 제3부(마크 트웨인의 『허클베리 핀의 모험』, 샐린저의 『호밀밭의 파수꾼』 등, 6편 수록)는, 제1부와 같은 상세한 고찰 대신에 간단한 10쪽 내외의 에세이 형태로, 책 소개와 함께 필자의 개인적인 감상문 형식으로 편집하였다. 숲속 오솔길을 가볍게 걷는 기분으로 적은 글들이다. 책의 분량 때문임은 물론이다.

 사실 어른, 아이 할 것 없이 인간이라면 누구나 청소년 시절을 지나왔고, 또 그 시절을 지나지 않고 성장할 수는 없는 법이다. 행복한 옛 시절을 그리워하는 어른들이 있는가 하면, 다시는 떠올리고 싶지 않을 정도로 아픈 과거를 지닌 어른들도 있을 것이다. 어른이 된 사람들의 과거야

어떠했든, 어릴 적엔 그들 앞에 놓인 세상이 잿빛 구름 속에 있는 사람들보다는 어려운 환경 아래에서도 내일은 밝을 것이라 희망하며, 무지갯빛 미래를 꿈꾼 사람들이 더 많을 것이다. 더구나 오늘 현재 아직도 성장해야 할 청소년이나 아이들이라면, 더욱더 자신 앞에 펼쳐질 미래가 무지갯빛처럼 찬란한 빛만 비춰주기를 기대할 것이고, 또 그래야 한다고 믿는다.

그런 만큼 책에 수록된 성장 소설들이, 자라나는 청소년들에겐, 미래를 향해 현실을 헤쳐 나가야 할 자신들의 마음가짐을 다지는 데, 그리고 청소년 시절을 지나온 어른들에겐, 자기 자녀들이 걸어가야 할 길에 대한 나침반으로 유익하게 활용되었으면 하는 바람으로 책을 출간하였다. 물론 수록된 성장 소설들 속 이야기를 통해 자신이 걸어온 과거 청소년 시절을 반추해 보는 것도 의미가 있을 것이다.

문학 작품들에 대한 가치 평가는 독자들의 몫이다. 그러기에 책에 수록된 작품들을 정독해야, 비로소 작품들의 진정한 가치를 깨닫고 그 작품들이 풍기는 향기를 제대로 느낄 수 있을 것이다. 『무지갯빛 성장 소설 이야기』와 더불어, 책에 수록된 작품들을 꼼꼼히 정독하면 더 좋겠다는 바람을 가져 본다.

신변잡기 대 신변 수필
- 신변잡기를 위한 변명

1. 수필의 분류

　수필은 형식의 제약을 받지 않고, 개인적인 서정이나 사색 또는 성찰 등을 쓴 문학 양식입니다. 그야말로 '붓 가는 대로' 쓴 모든 종류의 글이 수필에 속하지요. 그럼에도 문학 이론가들은 구태여 이런저런 잣대로 수필의 종류를 분류하기 좋아하는 것 같습니다. 그분들이 분류하는 방식을 보면 대체로 다음과 같은 것으로 여겨집니다.
　길이에 따라 분류하기도 하지요. 글자 수를 고려해 1,000자 내외일 때 단短수필이라 부르고, 2,500~3,000자 정도의 수필을 장長수필이라 부릅니다. 그런가 하면, 어떤 제재를 택하는가에 따라 추상 수필, 구상 수필, 자전 수필, 비판 수필 등으로 분류합니다. 사랑, 우정, 죽음 등, 관념적인 내용을 제재로 하여 쓴 수필은 추상 수필이라 부르는데, 때로는 에세이(essay)라고 부르기도 하지요. 구상 수필은 꽃, 구름, 바람 같은 자연이나 휴대전화, 음식 같은 문명 물을 제재로 하여 쓴 수필을 보통 말한다고 합니다. 작가 자신의 체험을 바탕으로 쓴 글은 자전 수필에 해당하고, 어떤 사건을 폭로하거나 자신의 체험에 빗대어 다른 사건들과 비교·대조하거나 혹은 과장·축소하면서 쓴 글은 비판 수필이라 부릅니다.

한편, 형식에 따라 수필을 분류하기도 하는데, 시적 수필, 소설적 수필, 비평적 수필 등으로 분류합니다. 때로는 신변사적 서정 수필과 서정 수필, 서경적 수필, 서사 수필, 개념 수필, 테마 수필 등으로 상세히 분류하기도 하지요.

어떤 식으로 수필을 분류하든, 문학 이론이 아닌 일반 상식으로 보면, 사실상 그런 세부 분류는 어떤 면에서는 그리 큰 의미가 없을 것 같다는 게 평소 저의 생각입니다. 그런데 위에서 '자전 수필' 혹은 '신변사적 서정 수필'이라 부르는 수필은 좀 점잖은 표현이지만, 다른 이름으로는 간단히 '신변 수필'로 불리는 경우가 많은 것 같습니다. 그러다 좀 심하게는 '신변잡기' 같은 수필이라 싸잡아 욕을 먹기도 합니다. 오늘 강연에서는 그 세부적인 분류법에 상관없이, 신변 수필 이야기를 나누려고 합니다. 평소에 제 가슴에 큰 울림을 준 세 편의 수필 작품 소개와 함께, 신변잡기라 홀대받기도 하는 신변 수필을 위한 변명을 하고자 합니다.

일반적으로 기성 수필 문단에서 늘 강조하는 말이 있습니다. '수필이 신변잡기가 되어서는 안 된다.'는 경구이지요. 물론 옳은 말일 수도 있습니다. 하지만 제가 수필의 세계에 뛰어든 이후, 단언컨대 가장 거짓말 같은 가르침 중의 하나가 바로 이 경구가 아닌가 합니다. 자신의 체험을 바탕으로 쓴 글이 문학적 다듬질 없이 발표되면, 물론 신변잡기라 홀대받는 글이 될 수는 있습니다. 하지만 다른 사람이 아닌 작가 자신만의 유일한 체험을 진솔하게 그려 낸 수필 작품이 독자들에게 동감을 넘어 감동을 주는 글이라면, 이미 그 작품은 신변잡기를 넘어 훌륭한 문학작품임이 분명합니다. 게다가 어느 정도 문학적 다듬질을 거친다면, 시나 소설, 희곡 같은 다른 장르의 문학 작품들보다 더욱 진한 감동을 독자들에게 선물해 줄 수 있지요. 저는 평소에도 진솔한 고백이 담긴 신변잡기적 수필이, 미사여구로 점철된 문장들로 메꾸어졌지만 사상의 맥을 찾을 수 없는 그런 글들보다 훨씬 더 '좋은 글'임을 확신해 왔습니다.

이런 확신 때문에 저는 대부분 신변잡기적인 수필을 쓰려고 노력합니다.

저는 오래전 어느 문학잡지로부터, '수필로 쓰는 수필론'이란 논지의 수필 작품 원고 청탁을 받은 적이 있었습니다. 당시 평소의 소신을 바탕으로, 「신변 수필 예찬」이란 수필을 쓴 적이 있습니다. 대체로 아래와 같은 내용을 담고 있습니다.

- 내가 신변 수필에 높은 가치를 부여하는 까닭은 그 글들의 진정성과 독창성 때문이다. 모든 사람이 모두 꼭 같은 체험을 할 수는 없지 않은가? 어쩌면 세상에서 단 하나뿐일 사건이나 경험일 수도 있다. 그러기에 그 글이 갖는 소재의 창의성은 그 어떤 것과도 비교될 수 없을 것이다.

- 아주 개인적인 **사건의 형상화**라도 여기에 **문학적인 덧칠**에 의해 읽는 이에게 동감을 불러일으킬 수만 있다면… 가슴에 와닿는 감동은 다른 사람들이 겪었던 일들에 내가 동감할 수 있을 때 더욱 크게 다가올 수 있다.

- 아름다운 문장들이 현란하게 춤추지만, 미사여구美辭麗句들의 옷을 벗기면 남는 게 별로 없는 수필을 좋은 수필이라 부를 수는 없다.

2. 헬렌 켈러의 「사흘만 볼 수 있다면」

 이런 의미에서 제가 가장 먼저 손에 꼽는 수필은 헬렌 켈러 여사의 「사흘만 볼 수 있다면」입니다. 주지하다시피 헬렌 켈러는 어릴 때부터 보지도, 듣지도 못했기에, 말하지도 못했습니다. 하지만 앤 셜리번 선생의 탁월한 가르침으로 듣지도 못하고, 보지도 못했지만, 더듬더듬 말하면서 세계인의 가슴을 울리는 명연설들과 함께, 활발한 사회 활동으로 굵직하게 이름을 남긴 분이지요. 그분은 그런 자신의 이야기를 「사흘만 볼 수 있다면」이란 신변잡기 같은 신변 수필로 멋지게 승화시켰습니다.

 "첫째 날 나는 소중한 사람들, 특히 앤 셜리번 선생님을 오랫동안 바라보고 싶다…아기의 얼굴에서 순수하고도 아름다움을 느끼고 싶다…강아지의 눈을 보고 싶다."

 "둘째 날 나는 동물과 사람이 진화한 과정을 볼 수 있는 자연사 박물관, 그리고 인간 영혼을 볼 수 있는 미술관을 가고 싶다…그날 밤은 연극을 보며 아름다운 율동을 즐기고 싶다."

 "그리고 셋째 날 현재를 살아가는 모습을 보려 뉴욕에 갈 것이다...엠파이어 스테이트빌딩 위에 서서 상상과 실제를 비교해 보고 싶다. 그리고 도시를 둘러볼 것이다. 마지막 날 밤 연극을 본다."

정말 감동적인 수필입니다. 이 글은, 보지도 못하고 듣지도 못하는 장애인인 헬렌 켈러가 아니라면 누구도 쓸 수 없는 신변잡기입니다. 우리는 매일 매 순간 두 눈으로 보고 두 귀로 들으면서 늘 재잘거리기도 하지만, 헬렌 켈러의 수필처럼 쓸 수가 없습니다. 보지 못하는 장애인들에게 만일 신께서 사흘만 볼 수 있게 한다면, 과연 눈을 뜬 맹인은 무엇을 가장 먼저 하고 싶어 할까요? 혹시 1998년에 노벨 문학상을 받은 주제 사라마구가 쓴 『눈먼 자들의 도시』를 읽으신 적 있으신지요? 환상적 리얼리즘이 빛나는 작품이지요. 이 소설은 자동차를 운전하다, 아무런 이유 없이 신호 대기 중에 갑자기 눈앞이 하얗게 변해 버리는, 이른바 '백색 질병'에 처음으로 감염된 사람이 안과 병원을 찾으면서 이야기가 시작되지요. 그 사람으로부터 시작하여, 그를 진찰한 안과 의사, 진료를 위해 그 병원을 찾았던 환자들인 검은 색안경 낀 매춘부(결막염), 한쪽 눈에 검은 안대를 한 노인(백내장), 사팔뜨기 소년, 세 사람을 비롯하여, 그 운전자의 차로 운전자를 집으로 데려다주었지만 차를 훔친 이웃 사람, 운전자의 아내 등이 차례차례 그 '백색 질병'에 감염되는 것으로 이야기가 전개됩니다. 오직 안과 의사의 아내 한 사람만 감염이 되지 않습니다.

이 소설에서는 정부 정책에 의해 눈먼 사람들끼리 격리된 생활을 하게 되는데, 이 속에서 아비규환 같은 일들이 벌어집니다. 이렇게 눈을 감은 상태에서도 생존경쟁을 위해 난리법석인데, 만약 어느 날 갑자기 이들이 한꺼번에 눈을 뜨게 되면 과연 어떤 일이 벌어질까요? 욕심 없이 우리 정상인들처럼 매일 뜨고 지는 해를 바라보고 싶어 할까요? 헬렌 켈러처럼, 그냥 자신의 은인인 셜리번 선생님 얼굴을 맨 처음 보는 것으로 만족할까요? 이런저런 생각을 하게 되면, 헬렌 켈러의 이 작품이 독자들에게 얼마나 큰 감동을 줄 수 있는지 충분히 이해될 것입니다.

장애인이 아닌 정상인이, 다른 장애인의 이야기를 빌려와 아무리 감동적인 글을 쓴다 해도, 그런 거짓된 글은 결코 독자들에게 감동을 줄 수 없지요. 오직 헬렌 켈러 같은 분만 쓸 수 있는, 신변잡기 같은 한 편의 글을 읽고 난 뒤 얻게 되는 감동의 크기는 어떤 문학작품에도 비할 바가 아니지요. 때문에, 이 작품이 《리더스 다이제스트》란 국제잡지에 의해, '20세기 최고의 에세이'로 꼽혀도 전혀 이상하지 않을 것이라는 생각입니다.

3. 이해인 「수녀 언니」

이해인 수녀는 잘 알려진 바와 같이 성분도 수도회 수녀 시인이시지요. 쉬운 시어로, 가슴에 울림을 주는 시들을 많이 발표하고 있지요. 그분이 쓴 산문은 잘 알려져 있지 않지만, 저는 그분의 산문집, 『사랑할 땐 별이 되고』에서 「수녀 언니」라는 에세이를 읽고 가슴속으로 눈물을 삼켰습니다. 1남 3녀 중 셋째인 그녀의 큰언니는 이인숙 수녀입니다. 이해인 수녀는 봉쇄 수도원인 가르멜 수도원 수녀였던 그 언니의 영향을 받아 수녀가 되었습니다. 인숙 님은 2017년 11월 향년 86세로 타계하셨습니다.

이해인 수녀가 쓰신, 「수녀 언니」란 수필을 함께 감상해 보지요. 시작 부분입니다.

"언니라는 말에선 하얀 찔레꽃과 치자꽃 향기가 바람에 실려 오는 것 같은 상큼한 향기가 난다. 언니라는 말은 엄마 다음으로 가장 아름답고 포근하고 다정한 호칭이 아닐까? 큰언니, 작은언니, 올케언니, 새언니, 선배 언니, 그 대상이 누구든지 간에 '언니' 하고 부르면 왠지 마음에 따뜻한 그리움이 밀려오며 모차르트의 시냇물 같은 음악이 듣고 싶다."

저는 대학에서 수필 강의를 하고 있습니다. 수필의 시작 부분을 어떻게 쓰면 좋은가에 대한 강의를 할 때, 이해인 수녀의 위 단락을 항상 가장 표본적인 글로 소개합니다. 그만큼 '잘된' 시작 문장이라는 생각이 들기 때문입니다. 첫 문장부터 가슴을 짠하게 울려주기 때문입니다. 시인이 시지만, 산문도 역시 잘 쓰시는 분이시죠.

…나에겐 늘 현명한 스승 같기도 하고, 어진 친구 같기도 한 13년 연상의 수녀 언니가 계시다. 소설가 박완서 선생님이 한 번 만나고 나서 그 모습이 꼭 성모 마리아님과 보살님을 합해 놓은 것 같은 아름다움을 느끼게 한다고 표현하셨던 언니. 나에겐 하나밖에 없는 인숙 언니는 내 동생이 일곱 살, 내가 열한 살 때 가장 엄격한 봉쇄 수도원인 가르멜수녀원에 들어가 40년을 살았으니….

좋은 수필의 모범을 보여 주는 본문입니다. 본문은 이렇게 계속됩니다.

"수녀님의 오늘이 있게 된 것은 '어머니의 희생과 가르멜 수녀원에 계신 언니의 깊은 기도 때문인 거야.'라는 말을 주변에서 많이 듣듯이…."

그리고 끝 문장입니다.

"그 옛날, 어린 동생을 둘이나 떼어놓고 수도원으로 들어간 것은 결코 현명하고 인간미 있는 선택은 아니었다고 어느 날 내가 불쑥 시비를 걸어도 그 큰 눈을 끔뻑이며 이제야 그런 생각이 들었냐며 오히려 통쾌하게 웃던 인숙 언니. 언니는 지금쯤 어떤 기도를 바치실까? 깊은 봉쇄의 담 안에 숨어 살면서도 마음은 동생들을 향한 애틋한 사랑과 기도로 활짝 열려 있을 언니의 초록빛 창을 향해 나는 "언니!" 하고 가만히 불러 본다."

역시 수필의 감동적인 마무리를 잘 보여 주는 단락이 아닐 수 없습니다. 이 작품은 전형적인 신변잡기적 수필입니다. 가족인 언니 수녀를 그리며 쓴 글이니까요. 하지만 수녀가 아니라면, 수녀의 언니가 아니라면, 수녀의 언니가 또 다른 수녀가 아니라면, 결코 나올 수 없는 글입니다. 게다가 한 편의 작품을 다 읽고 난 뒤 어느 독자나, 이해인 수녀님과 함께 마음속으로 그 언니 수녀를 그리며 "언니!" 하고 가만히 부르게 되지요. 문학의 힘입니다. '좋은 글'의 표본입니다. 이 글의 끝 문장을 읽고 나면, 아마도 내 가족 중에서, 아니면 내 친구 중에서 마음속으로 조용히 불러 보고 싶은 이름을 떠올리는 독자들이 적지 않을 것입니다. 그 가족을, 그 친구를, 머릿속으로 떠올리며, "OO야!" 하고 가만히 불러 보고 싶은 생각이 절로 나게 하는 명수필이 아닐 수 없습니다. 신변 수필이 왜 예찬받아 마땅한지를 잘 보여주는 작품이지요.

4. 장영희 「어느 거지의 변」

저에게 울림을 준, 또 다른 수필 작품 하나를 더 소개합니다. 장영희 교수의 「어느 거지의 변」입니다. 장영희 교수는 소아마비 장애를 가졌던 영문학자입니다. 그녀는 뛰어난 학업성적에도 불구하고, 예전 한때 있었던 차별적 대학입시 요강에 따라 그녀를 받아주는 대학이 없었지요. 하지만 프랑스 예수회가 운영하는 서강대학교는, 종교적 신념에 따라 장애인인 그녀의 입학을 허가했습니다. 그녀의 아버지는 장왕록 교수입니다. 제가 학창 시절 읽었던 영미권의 이름난 문학 작품들 태반은 그의 번역본일 만큼 유명한 분이시지요. 그녀는 서강대 졸업 후 미국 뉴욕주립대학교 올버니에서 박사학위를 받고, 모교 교수로 부임하여 학문 활동과 함께 틈틈이 글을 썼습니다.

그녀는 본래 가지고 있던 소아마비 장애로 평생 목발을 짚고 다녔습니다. 게다가 교수 생활하면서 차례로 찾아온 유방암과 척추암으로 고생하다, 마지막에 찾아온 간암으로 세상을 떠나신 분입니다. 그녀는 『내 생애 단 한 번』, 『문학의 숲을 거닐다』와 함께 『살아올 기적 살아갈 기적』, 세 권의 에세이집을 펴냈습니다. 이 세 권의 수필집에 든 수필 작품 하나하나가 모두 감동적입니다.

「어느 거지의 변」은 『내 생애 단 한 번』에 나오는 작품 중 하나입니다. 어느 날 동생과 함께 서울 명동 거리를 거닐다가 일어난 일을 그린 작품입니다. 평소에 늘 "군데군데 거의 보일 정도의 낡은 청바지에 내 몸이 둘은 들어갈 정도의 넉넉한 티셔츠를 입고" 다녔습니다. 그녀의 수필은 이렇게 자신을 묘사합니다.

"당시만 해도 옷을 선택할 때 나의 기준은 철저하게 두 가지-디자인은 편한 것, 색깔은 세탁을 자주 할 필요 없는 것-였다. 사실 선택이고 뭐고 할 것도 없는 것이, 사계절용 청바지 하나에 티셔츠 몇 개면 족한 생활이었으므로 옷을 살 필요도, 또 사고 싶은 마음도 없었다."

이 글에서 장 교수의 소소하고 서민적인 인품이 느껴지

지 않습니까? 어느 날 명동 거리를 걷다가, 동생이 갑자기 어떤 진열장에 걸려 있는 흰색 원피스를 가리키며 입어 보겠다고 했습니다. 그 가게에서 일어난 일을 다음과 같이 담담하게 적었습니다. 문턱이 높아 가게를 들어갈 수 없었던 그녀는 밖에서 동생을 기다렸습니다. 목발을 짚은 데다 헤진 옷을 입고 있으니, 가게 주인인 여성은 그녀를 완전히 거지로 여겼습니다. "나중에 와요. 손님 있는 거 안 보여요? 나중에 오라는 말 안 들려요? 지금은 동전이 없다구요!" 하며 그녀를 보고 소리치는 순간, 그 소리를 들은 동생이 옷을 입다 말고 탈의실 문을 박차고 나왔습니다. "사람을 어떻게 보고 하는 소리예요? 우리 언니는 박사예요, 박사. 일류대학을 나오고, 글도 쓰고 책도 내는…." 그러자 주인 여자가 말합니다. "목발을 짚으신 데다 입성까지 그러셔서." 하면서 아주 공손하고 겸연쩍게 사과했지만, 못내 억울한 표정을 지었습니다. 하지만 그녀는 이렇게 계속 씁니다.

"사실 나는 거지의 모든 필요조건을 다 갖춘 셈이 아닌가. 어쨌거나 여름날의 그 경험은 나의 생활 패턴을 바꿔 놓았다…나는 청바지를 벗어 버리고 정장을 했다. 옷을 선택할 때는 실용성보다는 문자 그대로 '거지처럼 보이지 않는' 데 기준을 둔다...로션 하나 안 바르던 얼굴에 화장도 한다....순전히 나를 선생님이라고 부르는 학생들의 체면을 위해 그리고 내가 몸담고 있는 학교의 명예를 생각해, 그래도 동전 구걸하는 거지로는 보이지 말아야겠기 때문이다...그래서 나는 매일 아침 피같이 아까운 시간 10분을 들여 열심히 분 바르고 립스틱을 칠한다."

그래도 명색이 대학교수인데, 그런 거지 취급을 받았다면 아마도 보통 사람들이라면 대판 싸움이 벌어졌든지, 쌍욕이 튀어나오든지 했을 겁니다. 하지만 장영희 교수는 위와 같이 자신의 신변잡기를 진솔하게 고백한 훌륭한 신변수필로 승화시킨 것이지요. 윗글을 읽는 독자라면 누구나, 목발을 짚고 다니는 장 교수의 신체적 아픔을 함께하면서도 그녀의 훌륭한 인품에 감동하게 될 것입니다. 장 교수가 아니라면 어느 누가 이런 글을 쓸 수 있겠습니까? 이것이 바로 신변 수필의 힘이지요.

"지난 3년간 내가 살아온 나날은 어쩌면 기적인지도 모른다. 힘들어서, 아파서, 너무 짐이 무거워서 어떻게 살까 늘 노심초사했고 고통의 나날이 끝나지 않을 것 같았는데, 결국은 하루하루를 성실하게, 열심히 살며 잘 이겨냈다. 그리고 이제 그런 내공의 힘으로 더욱 아름다운 기적을 만들어 갈 것이다."

위 글은 「살아온 기적 살아갈 기적」이란 제목을 가진 장 교수의 또 다른 수필 작품입니다. 평생 목발을 짚고 다닌 것도 모자라, 남들은 한 번도 찾아오지 않을 수도 있는 암이 세 번이나 자신의 육체를 괴롭힘으로써 엄청난 육신의 고통을 받았지요. 그럼에도 긍정적인 마음으로 웃으며 생활하고, 교수로서, 학자로서, 성실히 살다가 세상을 떠난 분이십니다. 그분의 삶을 되돌아보면서 그녀의 글들을 읽다 보면, 가슴속을 휘몰아치며 여울지는 감동의 물결을 느끼지 않을 수 없습니다. 제가 기존 문학 이론가들과 달리, 신변잡기적 수필이 가장 좋은 수필이라고 늘 생각하는 까닭이지요.

5. 자기 치유를 넘어 읽는 이에게 힐링을 주는 신변 수필

이상 세 편의 작품을 통해 신변 수필에 대한 변명을 늘어놓았습니다. 어쩌다 보니 모두 여성 작가들의 글이네요. 저는 수필 수업 중에 자주 모 방송국의 여성 대상 프로그

램에 나오는 주부들의 편지들을 예로 들면서, 신변잡기와 신변 수필의 경계를 이야기합니다. 그러다 보니 여성 작가들의 작품들을 예로 들게 되었네요. 물론 남성 작가들의 작품들 가운데에도 뛰어난 신변 수필이 많습니다.

한 편의 글 혹은 한 편의 작품을 읽고 책장을 덮었을 때, 마음속에 잔잔한 감동의 물결이 너울지도록 하는 문학 작품들은 적지 않습니다. 시나 소설, 희곡 등 모든 문학 장르의 작품들이 다 그렇지요. 하지만 소설을 읽고 감동받으려면 분량 때문에 좀 시간이 걸립니다. 마치 돌덩이를 데우려면 시간이 걸리는 것처럼요. 시의 경우는 어떨까요? 몇몇 손에 꼽을 만한 작품들은, 시를 읽으며 바로 감동하게 됩니다. 그렇지만 요즈음 발표되는 시들을 보면, 노래하듯 운율은 아름다운데 정작 가슴에 와닿는 감동을 주는 시는 그렇게 많지는 않은 것 같습니다.

그에 비해 2,500자에서 3,000자 정도의 적당한 분량의 수필은, 좋은 작품이라면, 읽고 난 뒤 느끼는 감동이 남다른 경우가 적지 않습니다. 물론 어떤 수필이냐에 달려 있지만요. 공모전이나 모모한 대회 등에서의 수상 작품들을 보면, 문학적으로 정말 훌륭한 작품들이 많습니다. 모두가 뛰어난 문장력으로 화려한 글솜씨가 돋보이는 작품들이지요. 그럼에도 대단히 외람된 말씀이지만, 저는 정말 손에 꼽을 만한 몇몇 작품들을 제외하고는, 그런 작품들을 읽고 감동하게 되는 경우는 그리 많지 않습니다.

왜 감동을 느끼지 못할까요? 바로 신변 수필이 줄 수 있는 특수한 제재의 힘이 부족하기 때문입니다. 이 기회에 수필의 존재 이유에 대해 한 번 더 생각해 보았으면 좋겠습니다. 자신의 글솜씨를 자랑하기 위해서? 물론 그래서는 안 되지요. 제가 어떤 수필보다 신변 수필에 애정을 가지는 이유를 말하고 싶습니다. 일기를 쓰는 분들이 많지요. 그날그날 있었던 일들을 잊어버리지 않기 위해 일기를 쓰는 분들도 계시겠지요. 하지만 저의 경우는 기쁜 일이 있을 때는, 팔불출이 되지 않기 위해서 일기를 쓰면서 제 자신에게 마구 자랑합니다. 슬프거나 다른 사람들에게 차마 말 못할 아픔이나 괴로운 일을 겪었을 땐, 일기를 씀으로써 제 자신이 치유됨을 느낍니다. 하물며 제가 늘 '공개된 일기장'이라 부르는 신변 수필은, 작가의 자기 치유를 넘어 독자들에게 '힐링'을 선물해 준다는 점에서 그 역할이 적지 않을 것입니다. 이른바 문학의 힘을 이용하는 것이지요.

사연들에 따라서는, 어쩌면 세상에 드러내 놓기 힘들고 부끄러울 수도 있는 자신의 이야기를 진솔하게 활자화하는 용기 자체만으로도 그 글을 읽는 사람들에게 감동을 주기에 충분합니다. 저는 수필 강의를 하면서 가끔, 우리나라의 대표 수필들로 늘 입에 오르는, 윤오영 선생님의「방망이 깎는 노인」이나 피천득 선생님의「인연」에 대한 이야기를 들려줍니다. 두 작품 모두 제재는 물론이고 문장력 등 교과서에 실릴 충분한 자격을 갖춘 멋진 작품들이지요. 하지만「방망이 깎는 노인」에게서 보는 바와 같이, 내가 아닌 다른 노인의 이야기를 다룬 이야기보다는,「인연」처럼 자신의 신변 체험을 쓴 글들을 더 높이 평가합니다. 나아가 자신이 만난 하숙집 딸 미우라 아사코와의 세 번의 만남과 이별을 그린「인연」보다는, 위에 든 세 편의 작품으로부터 더 큰 감동을 받습니다. 물론 그분들이 보통 사람들과는 다른 특별한 환경에서 삶을 살아간 분들이니까 더욱 그럴 겁니다.

 그렇다고 꼭 무슨 장애를 가지거나 아픔을 가져야 좋은 '신변 수필'이 나올 수 있다는 말은 물론 아닙니다. 우리가 그런 아픔을 진솔하게 글로써 풀어내는 작가들의 용기를 배워야 된다는 말씀을 드리고 싶습니다. 미사여구를 동원하여 자연에 대한 아름다움을 예찬하는 글도 물론 멋진 수필이 됩니다. 다른 사람들의 이야기를 듣고 제삼자 처지에서 그 이야기를 전함으로써, 작가가 말하고자 하는 메시지를 독자들에게 건네어도 좋은 작품이 될 수 있습니다. 하지만 하찮은 체험이라도, 자신의 체험에 멋진 '형상화'의 옷을 입혀 잘만 쓴다면 더 멋진 수필이 될 수 있을 겁니다. 특히 같은 사건, 같은 사물, 같은 인간관계를 경험하면서도 자신이 경험한 그 일, 그 인물들을 자신의 이야기로 풀어나간 신변 수필을 잘만 쓴다면, 최고의 감동적인 글이 될 수 있습니다. 이런 점에서 저는 '신변잡기'라는 힐난에 신경 쓰지 않고, 늘 '신변잡기' 같은 멋진 '신변 수필'을 쓰려고 노력합니다.

헬렌 켈러나 장영희 교수의 글 같은 감동적인 신변 수필을 읽었을 때, "볼 수 있는 두 눈이 있고, 들을 수 있는 귀가 있으며, 말할 수 있는 입이 있는 나는 얼마나 행복한가! 또한, 내 생각을 글로써 나타낼 수 있는 작은 재능까지 주어졌으니 얼마나 감사한가!"라는 생각을 늘 하게 됩니다. 그러면서 눈, 귀, 입이 모두 장애인인 헬렌 켈러가 살았던 삶에 비하면 사지 멀쩡한 나의 삶은 어떠했는가? 오늘보다 나은 내일을 위해 좀 더 보람된 삶을 살아가야겠다는 반성과 다짐을 하게 되지요. 이게 바로 문학의 힘이 아닐까요? 뿐인가요? 이해인 수녀의 글을 읽게 되면, 언니와의 다정한 가족애는 물론 수도자의 삶을 살아가는 그분들의 삶을 보면서, 세속의 삶을 살아가는 현재 나의 모습과 비교하게 되지요. (비록 매일 죄를 짓고 살아가지만) 그래도 좀 더 거룩한 삶을 살아가도록 노력은 해야겠다는 다짐을 하게 됩니다. 자기 치유를 넘어 한 편의 글을 읽는 독자로서 감동을 넘어 힐링이 되는 것이지요.

 이쯤에서 문학과는 다른 예술 장르이지만, 음악 이야기를 하나 해 볼까요? 세상에 이름을 남긴 수많은 음악가가 있지만, 특히 음악의 '성인'이라 불리며 200년 이상 세월 동안 세상 사람들의 존경을 받아 온 베토벤과 관련된 이야기 하나를 들려드리고 싶습니다. 주지하다시피 베토벤이 종교적 의미에서의 "성인"이라는 존칭을 받게 된 가장 큰 까닭은 그의 탁월한 음악뿐 아니라, 장애를 극복한 인간적 위대함 때문이지요. 음악가에겐 치명적인 난청, 곧 완전히 귀가 먹은 상태에서도 순전히 가슴으로만 작곡하면서, 우리가 알고 있다시피 <교향곡 9번, "합창"> 같은 역사상 최고의 음악들을, 후손인 우리에게 선물한 까닭이지요. 견디기 힘든 고통에도 불구하고 위대한 작품을 남긴 인간 승리의 표양이기 때문이지요. 때문에, 베토벤은 많은 사람에게 "나도 할 수 있다."는 큰 희망을 선사했지요.

 이를테면 <위풍당당 행진곡>이나 <사랑의 인사> 등으로 잘 알려진 영국의 작곡가인 에드워드 엘가가 작품활동을 하면서 심한 슬럼프를 겪고 있을 때, 그의 친구 아우구스트 예거가 말하지요.

"친구야, 베토벤을 생각해 봐. 그는 귀가 완전히 먹었으면서도 멋진 음악들을 우리들에게 남기지 않았나. 베토벤도 그랬는데…힘내게."

'지란지교芝蘭之交' 같은 친구의 말을 듣고 힘을 낸 엘가는 또 다른 유명한 곡인 <수수께끼 변주곡>을 작곡하였습니다. 그리고 그 변주곡 중 아홉 번째 곡에, 친구의 독일식 이름을 성경에 나오는 사냥꾼 이름을 빗대어 <님로드>라 이름 붙였지요. 어쩌면 베토벤의 <교향곡 9번, "합창">을 생각하면서 14개의 변주곡 중 아홉 번째 곡에, 자기에게 다시 힘을 내게 해 준 고마운 친구에게 바쳤는지도 모릅니다. 본론으로 돌아와서 '잘된' 한 편의 신변 수필이 그 글을 읽는 독자들을 '힐링'할 수 있는 법입니다.

6. 마무리

사실 위에 든 세 작품은 저에게 가장 울림을 준 대표적인 신변 수필 작품들에 불과합니다. 이 밖에도 세상에는 '좋은 글'이며 '잘된 글'들이 숱하게 많을 것입니다. 우리 부산 문단만 하더라도 수백 명의 수필가가 활동하고 있습니다. 자신의 수필 쓰기 방향을 어디에 둘 것인가는 물론, 수필가 자신의 선택과 취향에 달려 있습니다. 하지만 저의 생각에는, 자신의 작품 성향, 본질적으로 글쓰기 성향이 어떠하든, 저는 평소에도 문장만 번지르르한 '잘된 글'보다는, 단 한 명의 독자라도 동감을 넘어 감동을 줄 수 있는 '좋은 글'을 쓰고 싶다는 소망으로 글을 쓰고 있습니다.

이런저런 문학지를 통해 한 해만 해도 수백 편 이상의 수필 작품이 발표됩니다. 저에게 배달되는 문학지들만 해도, 여기 게재되는 수백 편의 수필들을 읽다 보면, 자신의 체험이나 신변 사유를 그린 글도 있지만, 그런 글보다 이른바 '사상의 맥'도 없으면서 글에다 인공적으로 문학적 덧칠하는 것에만 더 치중하는 글들도 적지 않은 것 같아 안타까울 때가 더러 있습니다.

저는 문학 이론 지식이 부족함에도 외람되게 대학에서 수필을 강의하면서 늘 강조합니다. "자신의 취향 혹은 취미에 따라 다양한 수필을 쓸 수 있을 것입니다. 하지만 '잘된 수필'보다 '좋은 수필'을 지향하며 글 쓰는 것이 더 좋습니다."라고요.

문학 이론가들은 늘 신변잡기 같은 수필을 쓰지 말라고 충고합니다. 하지만 저는 한 편의 작품을 쓸 때마다, 제 글이 강물을 거슬러 헤엄치는 연어처럼 가장 '좋은' 신변잡기적 수필이 되길 소망합니다. 수필은 자신의 모든 것을 진솔하게 글로써 고백하는 문학 장르입니다. 글 속에 어떤 가식이나 허위, 심지어 과대 포장이나 축소도 포함되어서는 안 됩니다. '좋은 수필'을 쓰기 위해서는 먼저 '자신의 인격을 가꾸어야 한다.'는 너무나 당연한 일반적 진리가 있지요.

대부분의 신인 수필가는 자신의 속내를 털어놓기가 쉽지 않아 수필 쓰기를 두려워하는 경향이 있습니다. 다른 사람에게 드러내어 부끄럽지 않은 글을 쓰려면, 자신의 생활 자체가 남에게 드러나도 괜찮다는 확신이 들어야 하겠지요. 부끄러움을 무릅쓰고, 자신의 속내를 진솔하게 드러내면서 발표되는 신변잡기적 수필이 최소한의 문장력만 갖추어진다면, "최고의 좋은 수필"이 될 수 있다는 확신을 가졌으면 합니다. 그러다 보면 자신이 쓴 수필을 읽고 마음을 함께 나누게 될 단 한 명의 독자라도 만날 수 있을 것이라 확신합니다. 독자의 마음을 울리는 진정한 작가가 될 수 있는 것이지요. 꼭 베스트셀러 작가가 되어야 하나요? 내 친구, 내 가족, 누구라도 단 한 사람의 독자라도 내 글에 동감하고 그에게 감동을 줄 수 있다면, 그게 바로 진정한 작가가 아닐까요?

감사합니다.

5부

공학자, 예술의 융합을 이야기하다

—

"정년 퇴임 후 걷게 된 **예술의 융합** 전문가라는, 1년 4계절 즐겁게 산책할 수 있는, 내게 꼭 맞는 새로운 오솔길이 오늘따라 더 정겹게 느껴진다."

− 「〈4계〉」 중에서

'아트팝'과 〈♪첫사랑♪〉

'아트팝(Art pop)'이란 말이 있다. 예술성(art) 있는 대중음악(pop) 장르를 뜻한다고 한다. 요즈음 내가 몸담은 합창단 연습곡 중에 이른바 '아트팝' 계열의 우리 가곡들이 몇 곡 있다. 〈♪시간에 기대어♪〉(작사/작곡; 최진), 〈♪마중♪〉(허림 시/윤학준 곡), 그리고 〈♪첫사랑♪〉(작사/작곡; 김효근) 등이다. 모두 서정적인 멜로디의 아름다움은 물론이고, 시詩를 연상케 하는 노랫말들이 예사롭지 않은, 중독성 있는 곡들이다. 이런 노래들을 듣다 보면, '아하, 이런 노래가 아트팝 계열의 가곡이구나.' 하고 절로 고개가 끄떡여진다.

'아트팝' 계열의 우리 가곡의 선구자는, 지난 2020년 8월에 향년 77세로 유명을 달리한 이안삼 작곡가일 것이다.

〈♪내 마음 그 깊은 곳에♪〉, 〈♪그대가 꽃이라면♪〉 등을 작곡한 그는 이런 '아트팝' 계열의 우리 가곡을, 클래식, 곧 고전 음악과 대중성을 결합한 용어로 '클래팝(clapop)'이라고 불렀다. 그분은 아름다운 우리 시에 선율을 붙여, 특히 1970~1980년대 한국 가곡의 르네상스에 앞장선 분으로 알려져 있다. 그렇지만 일본식 영어 조합처럼 느껴지는 '클래팝'보다는, '아트팝' 계열의 가곡이라고 해야 정확한 용어가 아닌가 하는 생각이다. '아트팝'은 사실 1960년대 중반, 영국과 미국을 중심으로 이미 사용되어 오던 용어라 더욱 친숙하게 들리는 용어이다.

물론 서양에서 유래된 '아트팝'은, 보다 포괄적인 의미로 영화나 문학, 미술, 패션 등이 팝 음악과 결합한 장르를 뜻한다. 그러니 존 레넌을 중심으로 한 비틀즈의 음악이나, 싱어송라이터로 노벨 문학상을 받은 바 있는 밥 딜런의 음악, 나아가 뉴 웨이브 음악 같은 경우가 '아트팝'에 포함되기도 한다.

이런 점에서 우리나라에서 '클래팝' 혹은 '아트팝' 계열의 우리 가곡은, 고전 음악을 선호하는 음악 애호가들뿐만 아니라, 트로트 같은 대중가요를 선호하거나, 고전 음악에 대해 잘 알지 못하는 젊은 세대들에게, 발라드 음악같이 쉽게 다가갈 수 있는 서정성 멜로디로 한국 가곡계에 새로운 바람을 일으켜 왔음은 부인할 수 없는 사실이다.

지금까지 우리가 배워왔던 한국 가곡들은, 일제강점기나 다사다난했던 우리 역사의 분위기에 어울리게, 한恨의 정서가 담긴 노래들이 대부분이 아니었나 하는 생각을 평소에 가지고 있었다.

정년 퇴임 후 새로운 취미 활동으로 합창단에 몸담게 되었다. 합창 연습곡에 포함된 노래들을 배우면서, 학창 시절에 배워왔던 가곡과는 또 다른 느낌의 아름다운 노래들이 적지 않음을 알게 되었다. 특히 중·장년 나이의 단원들에게 노래를 통해 각자 인생의 의미를 되돌아보게 하는 멋진 가사들은 덤이 아닌가 한다. '아트팝' 계열의 가곡들을 부르면서, 예술성이 돋보이는, 한 편 한 편의 시詩, 가사 하나하나에 매료된다.

우리가 부르는 노래들을 지은 작곡가들에 대해 인터넷 등의 도움을 받아 이리저리 알아보았다. 윤학준은 대학에서 음악교육학을 전공한 뒤 교사 생활을 하면서 주로 동요 작곡을 해 오신 분이고, 최진은 대학에서 음악을 전공하였으며 실용 음악과 교수로 재직하는 분이었다. 그중에 김효근 작곡가가 가장 인상적이었다.

최진과 윤학준, 두 분은 원래 음악을 전공한 분들이었지만, 김효근 교수는 경영학과(이화여대) 교수라는 점이 놀라웠다. 더구나 요즈음 연습하고 있는 <♪첫사랑♪>이란 곡 이 외에도, <♪내 영혼이 바람 되어♪>의 작곡가이기도 했다. 김 교수가 자신의 부모님을 여읜 뒤 슬픔을 달래기 위해 작곡한 노래라고 한다. 1932년에 미국 시인인 메리 엘리자베스 프라이가 쓴 「내 무덤 앞에서 울지 말아요」를 번안한 곡이었다. 노래 분위기 때문인지, 2014년 발생한 세월호 침몰 사고 때 추모곡으로 사용되면서 널리 알려지게 된 곡이다.

가족이 권유한 법학 대신 경제학을 전공하긴 했지만, 원래 음악에 재능이 있었던 분이었다고 한다. 중학교 때부터 교회 피아노 반주를 맡기도 했다고 한다. 서울대 경제학과 3학년(1981년) 재학 때, 자신이 작곡한 <♪눈♪>이란 노래로 제1회 MBC 대학가곡제에 참가해 최우수상을 받기도 했을 정도로 음악적 조예도 깊었다.

그러니 자신의 전공인 경영학 분야에도 예술적 마인드를 접목해 '경영예술'을 창시할 정도로, 융합적인 인물이었음이 내겐 아주 인상 깊게 다가왔다.

사실 40년 넘는 세월 동안 공학자로 활동해 왔지만, 음악은 물론 문학, 미술 같은 예술에 대한 향수를 어찌할 수 없었다. 그러다 합창단 활동을 하면서 새로운 노래를 배우고, 또 배우는 노래들의 가사와 멜로디 등에 대해 문학적,

예술적 사유思惟들을 즐겨 하면서 '융합'에 대해 더욱 많은 생각을 하게 되었다.

합창단 활동으로, 오랜 기간 공학자로 밥벌이를 해 왔지만, 가슴 한편에 늘 자리하고 있었던 예술적 본능이 깨어난 것이다. 특히 정년 퇴임 후 여유로운 시간이 주어짐에 따라 원하는 만큼 문학책을 읽을 시간이 주어진 데다, 음악 활동이 더해지면서 '융합', 특히 **'예술의 융합'**에 대해 더욱 큰 관심을 가지게 되었다.

원래 우리 가곡은 우리의 정서에 맞는 예술적인 곡들이라, 부르면 부를수록 더욱 감성에 젖게 만드는 경우가 대부분이다. 더군다나 '아트팝' 계열의 우리 가곡들은 시대의 조류에 걸맞게 더욱더 오늘을 살아가는 우리 가슴에 더 깊이 스며든다. 오늘도 〈♪첫사랑♪〉을 부르며, 아련한 청춘시절로 돌아가는 행복을 만끽한다. '아트팝' 계열의 아름다운 가곡을 우리에게 선물해 준 작곡가 덕분임은 물론이다.

4월의 노래

동백꽃이 피고 매서운 추위가 잦아들면서, 매화꽃과 개나리꽃이 차례로 피면 봄이 오는 걸 느끼게 된다. 뒤이어 이런저런 봄꽃이 기다렸다는 듯이 차례로 모습을 드러내면서 본격적으로 봄이 우리 곁에 다가온다. 때로는 언제 개나리가 피고 지고 진달래꽃이 피고 졌는지 깨닫지 못한 상태로, 계절이 쏜살같이 지나가 버렸음을 뒤늦게 깨닫게 될 때도 적지 않다.

매화, 산수유, 목련, 개나리, 진달래, 벚꽃, 유채꽃, 이팝나무꽃, 철쭉 등등. 해마다 보는 꽃이지만 순차적으로 피어나는 봄꽃들을 볼 때마다 늘 자연의 섭리에 감탄을 금하지 못한다. 한때 봄꽃들의 개화순서를 외우려고 애쓴 적이 있지만, 아직도 숙제를 마치지 못했다. 여전히 헷갈린다. 부지불식간에 우리 곁에 살며시 다가오는 봄꽃들을 바라보면서 계절의 흐름을 실감할 때가 적지 않다.

봄꽃들이 아름다운 만큼, 서로 시기하듯이 앞다투어 피어나는 봄꽃들을 예찬하는 노래들이 많다. 동요에서부터 가곡까지. 나아가 많은 시인이나 음악가들이 아름다운 꽃들을 차례차례 개화시키는 봄을 찬미하는 시를 읊고 노래를 만들었다.

개중에 봄의 한가운데라 할 수 있는 4월은, 더군다나 더 많은 시인과 음악가들에게 영감을 불러일으키는 계절인 것 같다. 4월 하면 두말할 나위 없이 목련화의 계절이다. 대개 3월 말부터 꽃피기 시작하여 4월이 되면 하얀 꽃송이로 우리 눈을 즐겁게 해주기 때문이다. 게다가 가곡 <♪목련화♪>의 영향도 적지 않았을 것이란 생각이 든다. 아마도 학창 시절 누구나 한 번쯤은 불러 보았을 노래일 것이다. 조영식 작사, 김동진 작곡으로, '♪오 내 사랑 목련화야 그대 내 사랑 목련화야♪'로 시작되는 노래. 경희대학교와 엄정행이라는 테너의 이름을 알리는 데 단단히 한몫한 노래이다. 해마다 봄, 특히 4월이 되면 나도 모르게 흥얼거리게 되는 노래이다.

<♪목련화♪>와 함께 T. S. 엘리엇의 「황무지」는, 우리네 학창 시절의 4월과 떼려야 뗄 수 없는 추억을 안기는 시일

것이다. "4월은 가장 잔인한 달/죽은 땅에서 라일락을 키워 내고/기억과 욕망을 뒤섞어/잠든 뿌리를 봄비로 깨운다."와 같이 시작되는 <황무지>에 대해 들어 보지 않은 독자들은 없을 것이다. 제1차 세계 대전 직후 황폐해진 유럽 사회를 고발한 시로 배웠다. 다소 철학적이고 사변적인 앨리엇의 시 자체의 전체 의미는 잘 이해하지 못하였어도, '4월은 잔인한 달'이라는 첫 구절은 우리들의 뇌리에 깊이 각인되어 있다.

그렇지만 4월 하면 <♪목련화♪> 못지않게 특히 내게 울림을 준 노래가 있다. 1968년도에 결성된 영국의 록 그룹 Deep Purple의 <♪April♪>이다. 1969년도에 발표된 곡인 만큼 아주 오래 전에 발표된 곡이지만, 요즈음 들어도 여전히 심금을 울리는 명곡이다.

Deep Purple은 영국의 록 밴드로 하드 록의 선두 주자 중 하나였지만, 크로스오버 장르의 선구자라고도 할 수 있다. 창단 멤버였던 존 로드의 영향으로, '오케스트라와 함께하는 밴드'란 별명이 있었을 정도로 크로스오버 성격이 강한 그룹이었다. 특히 <♪April♪> 곡은 현악기, 관악기와 함께하면서 요한 제바스티안 바흐나 림스키코르사코프의 곡 같은 분위기가 매력적인 노래이다. 이언 길런, 리치 블랙모어 등 '오케스트라와 연주하는 것에 질린' 그룹 단원들끼리의 갈등으로, 나중엔 헤비메탈 연주 그룹으로 변천되면서 나의 관심도 멀어지긴 했지만, 여전히 클래식 분위기가 물씬 나는, 멋진 록 음악인 <♪April♪>을 나는 무척 좋아한다.

<♪April♪>의 가사는 엘리엇의 「황무지」를 연상케 한다.

"♪4월은 잔인한 달/ 심지어 햇빛마저 비추게 된다면/ 이 세상은 서서히/ 그림자 속으로 잠기게 되버리겠지/ .... / 아직도 4월의 비가 내리네/ 온 마을이 고통으로 가득차게 되면/ 당신은 내게 도대체 왜 그런지를 물어보지/ 내가 회색빛 하늘을 올려 다볼 때마다/ ... / 회색빛 하늘이 어디서부터 파래야 하는지를/ 회색빛 하늘을 어디서부터 볼 수 있는지/ 왜, 왜 그래야만 되냐고 물어보지만/ 모르겠다라고 울면서 말할 거야♪//"

마치 「황무지」처럼 <♪April♪>의 노래 가사 또한 그 철학적 의미를 이해하기란 쉽지 않지만, 멜로디는 물론이고, 오케스트라와 함께하는 화성의 아름다움은, 그 어떤 노래와도 비교할 수 없을 정도로 뛰어나다. 12분 정도 되는, 꽤 긴 연주 시간 또한 아주 인상적이다. 8분 정도 연주가 나온 뒤 위와 같은 가사를 노래하는 보컬이 뒤따른다.

우리나라에서도 요즈음, 다른 음악 장르를 접목한 크로스오버가 유행처럼 번져 가고 있는 듯하다. 해마다 4월이 되면, <♪목련화♪> 노래 못지않게 Deep Purple의 <♪April♪>은 내 마음을 울린다.

〈4계〉

 이번 여름, 유례없을 정도로 뜨거운 여름을 보내었다. 그래도 자연의 섭리를 거스르지는 못하는 법이다. 그렇게 무더웠던 여름도, 추석이 지나자 그나마 한풀 꺾였다. 지난 9월 말, ○○ 도서관에서 자리를 마련해 주어 **예술의 융합** 강연을 했다. 여느 때처럼 계절에 맞는 시와 음악, 그리고 그림으로 강연을 시작하였다. 우현 김영남 시인의 「늦팔월의 아침」이란 시를 낭송하면서 분위기를 띄웠다.

 "덥다고 너무 덥다고/ 저리 가라고 밀어 보내지 않아도/ 머물고 떠날 때를 알고 있는 여름은 이미 이별을 준비하고 있다/ 잠깐 머물다/ 금세 떠날 것을 알면서도/ 호들갑을 떨며 아우성을 치던 우리는…/ …덥든 춥든 깃털처럼 가볍게/ 하루 또 하루를 즐겨 살아주면/ 그것이 행복이고 참살이가 아니련가?…/"

올여름처럼 정말 무더웠던 늦여름을 보내었던 우리에게, 계절을 슬기롭게 살아내는 지혜를 일러주는 시이기 때문이었다.

계절의 변화를 생각하면, 아마 대부분, '붉은 머리의 사제'라 불리었던 이탈리아 바로크 시대의 작곡가, 비발디의 〈4계〉를 가장 먼저 떠올릴 것이다. 클래식 음악을 잘 모르는 사람들도 비발디의 〈4계〉는 한 번쯤은 들어봤을 것이다. 하지만 음악 공부를 하다 보면, 비단 비발디의 〈4계〉 이외에도, 여러 작곡가들이 〈4계〉 관련 작품들을 발표한 것을 알게 된다.

아르헨티나의 탱고 음악 작곡가이자, 피아니스트인 아스트로 피아졸라는 〈부에노스 아이레스의 4계〉란 작품을 발표하였다. 비발디의 〈4계〉는 봄-여름-가을-겨울 순이지만, 피아졸라의 〈4계〉는 여름-가을-겨울-봄 순이다. 미국 작곡가인 필립 글래스는 〈바이올린 협주곡 2번-미국의 4계〉란 이름의 작품을 발표하였다. 이 곡은 비발디의 〈4계〉를 미국식으로 재해석한 작품이라고 한다. 그런가 하면 러시아 작곡가, 차이콥스키의 <4계>는 봄-여름-가을-겨울 대신, 1년의 열두 달별로 각각 다른 표제로 계절의 변화를 나타내었다. 그중 6월 <뱃노래>가 가 잘 알려진 곡이다.

여러 작곡가의 <4계> 중 나는, 러시아의 또 다른 작곡가이자 상트페테르부르크 음악원 원장을 25년간이나 역임한 음악 교육가이기도 했던, 알렉산드르 글라주노프의 <4계> 중 가을, 그중에서도 <작은 아다지오(Petit Adagio)>를 가장 좋아한다. <작은 아다지오>의 어딘지 모르게 쓸쓸한 애잔함이 느껴지는 선율이 참 아름답다. 원래 발레 음악으로 만들어진 글라주노프의 <4계>는 겨울-봄-여름-가을 순으로 되어 있다.

한편, 미술 쪽으로 눈을 돌리게 되면, 체코의 화가이자 장식 예술가인 알폰스 무하의 <4계> 그림 또한 <4계>를 대표하는 미술 작품이다. 이른바 '르 스틸 뮈샤', 곧 '무하 스타일'이라는 무하만의 독특한 포스터 스타일의 그림들이다. 당대 최고의 여배우였던 사라 베르나르를 모델로 하였다. 아름다운 여인을 모델로 해서, 그녀가 입고 있는 옷과 주변 풍경이 각각 다른 분위기로 봄-여름-가을-겨울을 잘 나타내고 있다. 그런가 하면 벨기에의 상징주의 화가였던 레옹 프레데릭의 <4계> 그림 또한, 봄-여름-가을-겨울 제목으로 이루어져 있다. 모델로 등장하는 한 어린 소녀가 계절마다 다른 표정, 두 손놀림, 그리고 주변 꽃과 열매들의 풍경이 이채롭다. 무하와 프레데릭의 작품들은 모두 19세기 말엽에 발표된 작품들이다.

반면, 16세기 말엽에 발표된 이탈리아 화가, 주세페 아르침볼트의 <4계> 그림은 한 성인 남성을 모델로 하여, 남성의 표정과 머리에 장식된 꽃과 과일 등이, 봄-여름-가을-겨울을 아주 인상 깊게 표현하고 있다. 생기 넘친 봄의 남성 얼굴엔 홍조가 떠오르고 머리엔 봄꽃들이 둘러싸여 있다. 겨울의 남성은 얼굴에 주름이 자글자글하고, 머리엔 잎들이 다 떨어진 나뭇가지들이 마치 가시나무처럼 얹혀 있다.

30여 명의 중·장년층 청중들을 위해 두 시간 동안 나름대로 최선을 다해 강연했다. 아내와 누나도 청중들과 함께 했다. 가족이 함께한 자리라 다른 강연보다는 조금 더 긴장되긴 했지만, 무난히 강연을 마쳤다. 귀에 쏙 들어오는 좋은 강연이었다는 칭찬에 보람을 느꼈다. 강연 날 이후 2주일쯤 되었을 때 형제 모임을 가졌다. 담소를 나누던 중에 내 강연 이야기가 나왔다. 다시 칭찬해 주는 누나가 고마웠다. 칭찬 끝에 누나는 <4계>로 시작하는 강연이 인상적이었다며, "유명한 화가나 음악가들의 <4계> 소개도 좋았지만, 네가 수필가이니, 수필로 쓴 <4계>도 소개하면 좋겠다."는 조언을 덧붙였다. 내가 미처 생각하지 못했던 고마운 조언이었다.

　2004년, 미국 뉴욕 주립대학교 버펄로 분교에서 1년간 연구년을 보내었다. 그해 연구년을 보내고 귀국한 뒤「버펄로 일기」란 제목으로 여름, 가을, 겨울을 주제로 세 편의 수필을 연작으로 발표한 바 있었다. 해서, 앞으로의 강연엔 수필가로서 나의 <4계> 작품 이야기도 덧붙이기로 했다. 앞서 언급한 음악가나 화가 이야기에 덧붙여,「버펄로 일기 1-시원한 여름」,「버펄로 일기 2-단풍잎을 밟으며」, 그리고「버펄로 일기 3-눈 덮인 세상」을 나의 <4계>로 소개해야겠다고 마음먹었다.

　뉴욕주 버펄로는 지형 특성상 거의 6개월 동안 눈이 내린다. 봄다운 봄이 없고 긴 겨울이 끝났다 싶으면 금방 여름이 다가온다. 그러다 보니 내 작품도 <4계>가 아닌 <3계>가 되어버렸다. 하지만 같은 제목으로 쓴, 여름-가을-겨울에 대한 작품이니 나의 <4계> 작품이라 해도 무방하겠다는 생각이다. 약간의 아쉬움에, 한참 뒤 따로 발표한 온천천의 봄날 분위기를 그린,「꽃비가 내리던 날」을 추가해 <4계> 작품으로 완성하고자 한다.

　이탈리아 오페라 작곡가, 조르주 비제의 <아를의 여인> 제2모음곡 중 미뉴엣은 아주 잘 알려진 곡이다. 이 곡은 어니스트 기로우드란 프랑스 음악 교사가 비제의 다른 작품,

곧 오페라 <아름다운 퍼드 아가씨>에 나오는 미뉴엣을 <아를의 여인> 제2모음곡 미뉴엣으로 끼워 넣은 곡이다. 이처럼, 내가 「꽃비가 내리던 날」을 「버펄로 일기」 연작에 끼워 넣어 <4계>란 이름으로 하나의 모음 작품으로 해도 이상하지 않을 것이란 생각이 든다.

그동안 여기저기 각각 다른 계절에 대한 수필 작품들을 여러 편 발표하였다. 그렇지만 **예술의 융합** 강연을 통해, 이렇게 이름난 작곡가나 화가들처럼 <4계>란 제목으로 묶을 수 있는 나만의 작품도 있다는 사실에 뿌듯함을 느낀다. 정년 퇴임 후 걷게 된 **예술의 융합** 전문가라는, 1년 4계절 즐겁게 산책할 수 있는, 내게 꼭 맞는 새로운 오솔길이 오늘따라 더 정겹게 느껴진다.

하늘빛 미소

<♪인생♪>, 최근에 합창단 연습곡의 하나로 선곡되어 처음 배우기 시작한 가곡 제목이다. 신상우 곡이다. 음대 출신으로 주로 기독교 성가 작곡가로 이름난 분이다. 곡도 아름답지만, 그분이 직접 지은 가사 또한 깊은 의미를 담고 있다.

"♪길고 길었던 겨울/ 봄은 오지 않을 줄 알았는데/ 견뎌 내고 보니/ 어느덧 봄이더라.../ 한 치 앞도 불 수 없는 어두움/ 등불 같은 친구 곁에 있었고/ 멀고 먼 길 홀로 걸을 때/ 누군가가 내 손잡고 함께 걸으니.../ 걸어갈 길 눈 들어 보니/ 까마득해 보이지만/새겨질 발자국 하늘빛 미소/ 우리의 인생이라. ♪"

'하늘빛 미소', 이 노래를 처음 듣던 순간 두둥 하면서 내 마음을 울린 용어이다. 우리 세대들은 최희준의 <♪하숙생♪>과 이진관의 <♪인생은 미완성♪> 등의 노래를 부르며 세월을 지나왔다. 그런 만큼 성가 풍의 그 노래가 더욱 큰 울림으로 다가왔나 보다. '흘러가는 구름'이니, '나그네 길'처럼, 부질없는 인생 자체만을 그린 게 아니라, '하늘빛 미소'를 마음에 그려볼 수 있게 하는 노래였기 때문이다.

이 노래를 처음 듣는 순간부터, '하늘빛 미소'는 다름 아니라 신神, 곧 하느님의 미소임을 직감적으로 느낄 수 있었다. 가사 내용이 메리 스티븐슨의 시, 「두 개의 발자국」을 연상시키기 때문이었다.

"한 남자가 꿈을 꾸었습니다./ 꿈속에서 그는 하느님과 나란히 걷고 있었습니다./ 그때 그의 지나간 삶의 장면들이 주마등처럼 스치고 지나갔습니다./ 해변의 모래밭에는 두 개의 발자국이 나 있었습니다./ 하나는 하느님의 것이고 다른 하나는 그의 것이었습니다./ 그런데 언젠가부터 하나의 발자국만 모래밭에 남아 있었습니다./ 그의 삶에서 가장 힘들고 곤경에 처해 있을 때,/ 오직 그의 발자국만 남아 있었습니다./ ...그는 하느님께 따졌습니다./ ...하느님께서 응답하셨습니다./ "사랑하는 아들아, 나는 너를 결코 떠난 적이 없단다.../ 네가 고통스러워고 힘들어할 때,.../ 그 발자국은 네 것이 아니라 너를 업고 걸어갔던 바로 그때 내 발자국이란다.//"

우리 인생길엔 기쁨과 행복뿐만 아니라 고통과 불행이 늘 뒤따른다. 그렇지만 우리가 살아온 길은 말할 것도 없거니와, 우리가 살아갈 날에 감히 '하늘빛 미소'와 함께할 수 있다는 게 얼마나 큰 희망인가!

다만 작곡가가 '하느님의 미소'니 '두 개의 발자국'을 직접 언급하는 대신, '하늘빛 미소'라는 용어를 선택한 배경이 무엇일까 하는 궁금증이 일어, '하늘빛 미소'에 대해 알아보았다.

이른바 '하늘빛(영어로 Azure)'은 가을날 청명한 하늘에서 볼 수 있듯이 눈부신 '푸름'을 의미한다. '하늘빛'이 웃음 짓는 미소(smile), 이 얼마나 아름다운 용어인가? 푸른 하늘을 올려다보면 알 수 없는 행복감에 저절로 우리 입가에 미소가 번진다. 그러니 아티스트 필리아(Phillia)의 어느 피아노곡에 <♪하늘빛 미소♪>란 제목을 붙였을 것이란 생각이 든다. 태교 음악으로도 잘 알려질 만큼 평화롭고 아름다운 그 곡이다.

'하늘빛 미소'란 단어는, 미국의 여류 칼럼니스트이자 소설가인 린다 하워드가 쓴 소설 제목으로 사용되기도 했다. 2011년에 박희경 번역으로 우리나라에서도 출간된 바 있다. 원래 소설 제목은 『Midnight Rainbow』, 곧 『한밤의 무지개』란 뜻이다. 007 영화같이 치열한 첩보전 끝에 정글 속에서 생사를 넘나들며, 위험으로부터 탈출하게 되는 두 연인의 로맨스 소설이다. 해피 엔딩으로 끝나는 두 연인 간 사랑의 결말이, 마치 오로라같이 황홀한 밤하늘의 빛과 닮았다고 생각해서 붙인 제목이리라. 웃음을 잃어버린 남자 주인공에게 웃음은 물론이고 삶의 의미를 되찾아 줄 뿐만 아니라, 자신도 새롭게 삶의 의미를 발견하게 되는 여주인공의 이야기는, 오로라처럼 아름다운 '하늘빛 미소' 그 자체라 느낀 덕분에, 그 제목으로 번역하였을 것이란 생각이 든다.

 2017년경 작고한 작곡가, 신상우가 신앙적 배경에서 우리 인생에 손길을 내밀어 주시는 신의 미소를, 아마도 '하늘빛 미소'라는 단어로 표현하였을 것이란 생각이 든다. 어쩌면 작곡가도 그 소설의 제목에서 영감을 받아, '하늘빛 미소'를 가사에 담았을지도 모르겠다.

 〈♪인생♪〉 노래를 배우다 보니 문득 든 생각이다. 지금부터 살아가야 할 내 삶이 '하늘빛 미소'로만 아름답게 물들여진다면 얼마나 좋을까 하는….

톨스토이와 베토벤

레프 톨스토이는 『전쟁과 평화』, 『부활』, 『안나 카레니나』 등의 주옥같은 명작들을 남긴 러시아의 대문호이다. 이른바 평화주의와 비폭력, 금욕주의로 대표되는 '톨스토이주의'로도 잘 알려진 사상가이기도 하다. 그의 작품들을 모두 섭렵한 것은 아니지만, 그의 대표 작품들 몇몇을 읽다 보면, 의외로 음악에 대해서도 조예가 깊음을 알 수 있다. 이를테면, 『안나 카레니나』에는 등장인물들이 참석하는 음악회를 중심으로, 요한 제바스티안 바흐의 둘째 아들인 칼 필립 에마누엘 바흐의 <4중주 가단조>도 등장하고, 18세기 초 유럽을 풍미하던 오페라 부프(프랑스에서 유행하던 희가극)나 오페라 부파(이탈리아에서 생긴 희가극) 등이 등장한다.

톨스토이는 자신의 작품에서 음악을 다룰 뿐만 아니라, 실제로 친구이자 음악가였던 지빈 형제의 도움을 받아 〈왈츠 바장조〉란 음악을 작곡하기까지 했다. 그가 스물한 살(1849년) 경에 직접 작곡한 피아노곡이다. 죽기 4년 전인 일흔여덟 살(1906년)에 직접 녹음까지 했다고 한다. 나아가 그의 장남인 세르게이 르보비치 톨스토이가 작곡가이자, 모스크바 음악원 교수까지 지낸 걸 보면, 아버지인 레프 톨스토이 자신이 음악적 조예가 깊었을 것으로 추정된다.

그의 작품들을 읽다 보면, 여러 고전 음악가 중에서 특히 루드비히 판 베토벤에 대한 애증이 컸던 것으로 보인다. 그의 첫 작품이자, 자전적 소설인『유년 시절 소년 시절 청년 시절』을 보면, 주인공 니꼴렌까가 엄마를 회상하면서, 엄마가 자주 연주해 주던 베토벤의 〈피아노 소나타 8번, "비창"〉에 대해 아주 자세하게 기술하고 있다. 베토벤의 그 피아노 소나타에 대한 아래와 같은 감상문을 읽으면, 전문적인 음악 칼럼니스트 못지않다는 걸 느끼게 한다. 놀랍다.

"엄마가 자주 연주해 주시곤 했던 오래전부터 귀에 익은 그 곡을 들을 때면 내 마음속에서는 달콤함과 불안함이 동시에 일었다…쉽사리 감정을 드러내기를 겁내는 듯한, 절제

되고 웅장하지만, 어수선한 도입부의 모티브를 듣고 있노라면 난 숨을 죽이고 있을 수밖에 없었다…음의 선율이 더욱 아름다워지고 복잡해져 갈수록, 무언가 이 아름다움을 파괴해 버리지 않을까 하는 공포감이 더욱 강하게 밀려왔고, 선율이 조화를 이루며 마무리될 때에는 더 강렬한 기쁨을 맛볼 수 있었다…나는 도입부의 모티브가 모든 것을 쏟아 내면서 알레그로(빠르게)로 소란스럽게 마무리되고 난 후에야 마음을 진정시켰다…안단테(보통 빠르기로)로 진행되는 동안에는 졸음이 쏟아진다. 평화와 기쁨이 마음속에 차오른다…하지만 다단조의 론도가 선잠을 깨운다…마침내 통곡과 애원이 멈추게 되면 그 열정적인 고뇌가 다시 한번 듣고 싶어진다."

그런가 하면 『부활』에서 주인공 네흘류도프가 카튜샤의 유형 길에 함께하면서 시베리아 지방 장관 집에 초대받아 갔을 때, 여주인은 베토벤의 〈교향곡 2번〉을 피아노로 연주한다.

나아가 그는, 아예 베토벤의 음악 작품 이름과 같은 이름을 자신의 소설 제목으로 사용하기도 하였다. 곧 『크로이처 소나타』이다. 이 작품에서 주인공 포즈드니셰프 백작 아내와 바이올린 교사가 공연을 위해 준비하는 곡이 바로 베토벤의 〈크로이처 소나타〉이다. 물론 베토벤과 톨스토이의 작품 창작 동기는 서로 다르다. 하지만 베토벤의 바이올린 협주곡 <크로이처 소나타>가 '피아노를 (단순한 반주악기가 아니라) 바이올린과 동등한 지위'를 누리는 악기로 대접받게 한 작품이라면, 톨스토이의 『크로이처 소나타』는 '남성 위주 사회에서의 여성성의 해방'이라는 관점에서 읽힌다는 점에서 서로 맥이 통한다.

이렇게 자신의 작품 속에서 베토벤의 음악들을 많이 다루고 있지만, 청력을 완전히 잃고 난 후의 베토벤의 음악에 대해서는 혹평을 서슴지 않는 것을 보면 의아하다. 오늘날 우리는 베토벤이 난청을 앓기 전에 자신의 귀로 들으며 작곡한 작품들도 칭송하지만, 오히려 완전히 귀가 먹은 후 작곡된 그의 후기 작품들에 대해 더 높은 평가를 한다. <교향곡 9번, "합창">은 여전히 음악사상 가장 뛰어난 교향곡으로 평가되고 있고, 그의 후기 현악 4중주곡들 또한, 인간 정신의 승리라는 평가와 더불어 뛰어난 음악성으로 그에게 '음악의 성인'이라는 별칭을 부여할 만큼 존중하고 있다.

하지만 톨스토이는 난청 이후의 베토벤의 작품에는 매우 통렬한 비판을 서슴치 않는다. 그가 쓴 『예술이란 무엇인가?』를 보면, 난청 이후의 베토벤에 대한 평가를 읽을 수 있다. 그는 베토벤이 귀가 먹은 후 작곡된 곡들에 대해 이렇게 말한다.

"귀로 듣지 못한 음악이 무슨 예술적 가치가 있는가?…상상하는 음은 결코 현실의 음을 대신할 수 없으므로, 이를 완성하려면 당연히 자기 작품을 자신이 들어보지 않으면 안 된다."

곧 자신이 귀로 듣지 않고 작곡된 곡은 진정한 음악이 아니라는 것이다. 심지어 베토벤의 <교향곡 9번, "합창">에 대해서는 이렇게 말한다. 역시 『예술이란 무엇인가?』에 나오는 말이다.

"제9교향곡은 어떤가? 기독교적, 세속적 보편성 특성을 지니지 못하고, 특별히 교육받은 사람들에게만 감동을 준다…그렇기 때문에 <교향곡 9번>은 '나쁜 예술'에 속한다."

물론 자신의 톨스토이주의에 어긋난다는 신념으로 그렇게 말했겠지만, 난청 이전에 작곡된 베토벤의 작품들에 대한 높은 평가와는 너무나 상반되는 혹평이 당혹스럽기까지 하다. 물론 같은 식으로 음악과 시, 그리고 연극을 융합하여 오페라를 종합 예술로 만들고자 시도한 독일의 오페라 작곡가 바그너에 대해서도 통렬하게 비판하였지만, 베토벤에 대해서 난청 이전과 이후를, 극명하게 다르게 평가

하는 것은 이해하기 어렵다.

  문학 작품이든, 음악 작품이든, 어떤 예술 작품이든 그 작품들을 읽고, 듣고, 보는 사람마다 시각이 모두 일치하지는 않을 것이다. 톨스토이는 『예술이란 무엇인가?』에서 예술의 목적은, "예술가가 체험한 감정을 사람들에게 전달하는 것을 목적으로 한다."고 했다. 톨스토이 자신의 평가와는 달리, 베토벤의 후기 작품들에서도 베토벤의 감정이 오늘날 우리에게도 잘 전달되어, 우리들을 예술적으로 제대로 '감염'시켜 왔다면, 그 또한, '위대한 예술' 작품들로 인정되어야 마땅하지 않을까? 톨스토이 예술론의 이율배반을 보는 듯해서 씁쓸하다.

『공학자, 베토벤에 빠지다』

해당 전문 분야를 전공한 사람들과 달리, 취미로 무엇을 좋아하면 '○○ 애호가' 혹은 '아마추어 ○○○'이라 부른다. 우리말로는 1980년대 일본에서 유행한 '오타쿠(お宅)'에서 유래된 '덕후'라는 말이 가끔 사용될 때도 있다. 아마추어랑 비슷하지만, '딜레탕트(dilettante)'라는 용어도 있다. 딜레탕트는 이탈리아어 'dilettare(즐기다)'에서 나온 말이다.

딜레탕트는, 흔히 직업이 아닌 관심으로 특정 분야에 손을 대거나, 예술이나 지식 분야에 일반적이지만 피상적인 관심을 가진 아마추어를 말할 때 사용된다. 재능이 부족한 예술가, 혹은 얕은 지식을 가진 전문가쯤의 뜻으로 사용되는 이 말은 좀 과장해서 말하자면, 모르면서 아는 척하는 아마추어란 뜻일 게다.

공과대학 교수로 40년간 강단에 서 왔다. 음악이나 문학 등 예술과는 어딘지 모르게 거리가 멀 것 같은 공학자이지만, 어쩌다가 음악의 성인 루드비히 판 베토벤에 관한 책을 펴내었다. 곧 『공학자, 베토벤에 빠지다』이다. 음악 전공자도 아니고 딜레탕트에 해당하는 공학자가, 감히 악성樂聖 베토벤 이야기를 다룬 책을 펴낸 것이다.

20여 년 전, '피사의 사탑'으로 유명한 이탈리아 피사를 다녀온 적이 있다. 그곳에 있는, 세계에서 제일 오래되었다는 피사 대학교에서 개최된 학술회의에 참석하기 위해서였다. 아직 인천공항 개항 전 시절이었다. 피사→빈→서울→부산으로 된 귀국 항공편을 이용한 여정이었다. 빈에서 서울행 항공편을 타는 대기 시간이 무려 7시간이었다.

공항에서 일곱 시간을 죽치고 앉아 있을 수는 없었다. 이 시간을 무슨 의미 있는 시간으로 보낼 수 없을까 생각하는데, 머릿속으로 "그래, 여기가 어딘가? 바로 베토벤의 빈이잖아! 베토벤을 만나러 가자." 하는 생각이 퍼뜩 떠올랐다. 해서, 택시를 타고 빈의 교외에 있는 중앙 묘지의 음악가 묘역으로 갔다. 베토벤 묘지를 참배하고 그 앞에서 잠시 묵념을 드렸다. '떡 본 김에 제사지낸다.'고, 베토벤의 묘지 곁에 있는 모차르트와 슈베르트의 묘지에다 조금 떨어진

곳에 있는 브람스와 요한 스트라우스 2세의 묘지도 참배하였다. 빈의 중앙 묘지에서 이름만 듣던, 유명한 음악가들의 묘소를 참배하고 나니 가니 가슴이 뜨거워짐을 느꼈다.

물론 공항으로 돌아왔을 때는, 출국 심사는 물론 서울행 비행기 탑승 시간까진 충분히 시간이 남았었다. 오래 기억에 남는 여정 중의 하나이다. 이름만 전해 듣던 베토벤의 음악에 대한 덕후가 되기 시작한 원년의 기억이다. 귀국행 비행기에서 생각했다. 언젠가 기회가 되면, 베토벤의 삶과 음악 세계를 본격적으로 다룬 책을 써보겠노라고. 그리고 4반세기 남짓 지난 올해 드디어 꿈을 실현한 셈이다.

요즈음 책이나 유튜브, 혹은 TV 강연 등을 통해, 어떤 전문 분야에 대해서나 적절한 해설 내용을 쉽게 접할 수 있다. 음악 분야도 예외가 아니다. 주위에는 정말 쉽고 재미있는 음악 혹은 음악가에 관한 해설들이 넘쳐난다. 특히나 베토벤 같은 유명 음악가라면 더욱 그렇다. 이런 의미에서 음악 전공자들이 보면, 괜히 잘 모르면서 아는 척한다고 할까 염려하면서도 감히 용기를 내어 책을 낸 것이다. 20여 년간 가슴속에 품어왔던 꿈을 실현하기 위해서였다.

원래 문학책 특히 소설 읽기를 좋아하는 데다, 가끔 명화 名畫를 감상하거나 예술 영화를 보면서, 융합적 측면에서 그들 다른 예술 장르 사이의 연결 고리를 찾는 걸 취미로 해

왔다. 얼마 전부터 이런저런 책들을 읽다가, 그림을 보다가, 또한 영화를 보다 보니, 그동안 잘 모르고 있었던 베토벤의 삶과 음악이 더욱 내 가슴에 깊이 다가왔다.

책 출간으로, 융합적 시각을 가진 공학자이자 수필가의 눈으로, '고통을 통해 환희'를 창조한, 한 위대한 인간의 모습을 보여 준 베토벤에 대한 내 생각들을 펼쳐 보이고 싶었다. 영원히 존속할 불멸의 음악을 남긴 베토벤을 통해, 내 책을 읽어줄 독자들이 오늘 이 시간, 시간과 공간을 넘어 그의 음악에 귀 기울여 보기를 바라는 마음에서였다.

음악을 좋아하는 딜레탕트로서 합창단 활동을 해 왔다. 합창단에서 나를 생각해 **'불멸의 삶을 살다 간 음악의 성인 -베토벤'** 토크콘서트를 기획해 준 것을 계기로, 집필에 착수하였다. 그 콘서트를 위해 책을 읽고, 그림을 감상하고, 영화를 보면서 자료를 준비하였다. 9주간, 합창단원들의 공식 블로그에 매주 일요일 아침, 베토벤의 삶과 음악 세계에 관한 글을 연재하면서 자료를 보완해 갔다.

책을 준비하면서, 베토벤을 직접 다룬 영화뿐만 아니라, 영화의 극적 전개나 등장인물들의 심리를 대변하기 위한 배경음악으로도 베토벤의 음악이 널리 활용되어 왔음을 알게 되었다. 또한, 워낙 이름난 음악가인 만큼, 그의 삶과 음악 세계에 관한 많은 책이 출판되어 있음도 알게 되었다.

그 점을 고려하여 내 책에서는 개인적으로 깊은 인상을 받았던 문학책, 그림, 그리고 영화들을 중심으로 '융합적 시각에서' 베토벤의 삶과 음악 세계를 다루고자 하였다.

내 책은 베토벤의 삶과 음악 세계를 다룬 학술 연구서는 아니다. 그저 융합적 차원에서 음악을 좋아하고, 문학과 그림, 영화 등을 자신의 입맛대로 맛보고자 하는 문화 미식가들을 위한 가벼운 이야깃거리를 제공하고자 하는 의도에서 집필된 것이기에, 내 입맛에 맞는 내용만 골라 다루었다. 그러다 보니 기존에 출판된 베토벤 관련 책들보다 내용에 있어 부족함이 많은 것임엔 틀림없을 것이다.

책이 출간된 뒤 다시 읽어보니 철자의 오류뿐만 아니라 한두 군데 잘못된 내용도 포함되어 있음을 알게 되었다. 그럼에도 불구하고 오랜 꿈을 실현한 나 자신에게 대견하다고 등을 토닥여 주고 싶다. 책의 출판에 영감을 제공해 준 부산매니아합창단도 고맙고, 눈에 띄게 아름다운 표지와 함께 내 책의 출판을 맡아 준 부산대학교출판문화원에도 고마운 마음을 숨길 수 없다. 무엇보다 내 책에 좋은 평가를 해 준 독자들에게 가장 고맙다는 말을 전하고 싶다.

이왕 베토벤의 삶과 음악 세계를 다룬 책을 발간했으니, 다음엔 공학자의 시선으로 바라본 **'예술의 융합'**에 관한 책도 한번 써보리라 하는 생각을 해 본다.

『공학자, 예술의 융합을 이야기하다』

 클래식 음악 듣기를 좋아하면서 취미로 합창단 활동을 하고 있다. 영화와 미술에 대해서는 잘 모르지만, 좋은 영화나 그림들을 보면서 감동하는 경우가 적지 않다. 그러다 보니 문학, 미술, 영화, 그리고 음악을 아우르는, 이른바 **'예술의 융합'**에 관해 관심이 많다.
 어쩌다『공학자, **예술의 융합**을 이야기하다』라는 책을 펴내게 되었다. **예술의 융합**에 관련하여 머릿속에 간직해 온 평소의 생각들을 정리한 내용을 담았다. 각기 살아온 과거의 이야기가 다르고, 살아갈 환경이 다른 중·장년의 노래 애호가들이 모인 합창단에 몸담은 이후, 단원들을 위해 언젠가 **예술의 융합**에 관한 토크콘서트를 하게 되었다.

여느 합창단과 달리 이름 앞에 '문화모임'이라는 모토를 내세운 새로운 개념의 합창단인 만큼, 내 토크 내용에 적지 않은 관심을 보여 주었다. 하지만 1시간 정도의 짧은 시간으로는 준비한 내용을 다 전달하기엔 시간이 너무나 부족하였다.

이후 지역 주민들을 위한 생활문화센터에서 같은 내용의 자료로 2시간 30분가량 토크를 하게 되었다. 여전히 적지 않은 내용을 짧은 시간에 모두 전달하기엔 부족함이 컸다. 그러다 아예 나의 소속 대학교 평생교육원(2024년 9월, 미래시민교육원으로 명칭 변경) 여름학기 강좌를 개설하였다. 5주간 매주 3시간씩, 곧 15시간 동안 강의를 하게 되었다. 그나마 내가 생각하는 **예술의 융합**에 대한 이야기를 윤곽 정도는 전달할 수 있어 좋았다.

그렇지만 15시간마저도 수업 시간에 쫓기다 보니, 준비한 자료들을 충분히 소화할 수 없어 아쉬웠다. 부득이 중요 자료들을 생략할 수밖에 없었다. 해서, 애초에 내가 생각한 **예술의 융합** 수업 자료들을 전부 망라한 교재를 펴내는 것이 좋겠다고 생각하였다. 그 책을 펴낸 동기가 된 셈이다.

그렇다고 내 책이 문학, 미술, 영화, 그리고 음악을 아우르는 예술 장르 간의 융합에 대한 모든 것을 담았다고는 할 수 없을 것이다. 실제로 강의를 준비하면서 우리 대학 도서관에서 관련 자료들을 찾다 보니, 예술의 각 장르마다 전공자들은 물론이고, 비전공자들에게도 도움되는 지식을 제공하는 좋은 책들이 셀 수 없이 많았다. 그런 만큼 내 책은, 공학을 전공하면서 취미 생활 중에 모았던, 이런 자료 저런 자료들을 나의 입맛대로 선택해 '**예술의 융합**'이란 이름으로 한곳에 모았을 뿐이다. 당연히 부족함이 많을 것이다.

각 예술 분야마다 해당 전문가들이 보면, 잘 모르면서 아는 척한다고 비아냥거릴지도 모르겠다는 생각도 든다. 하지만 이럴 때에는 전문가가 아닌 점이 오히려 위로가 될 수도 있다는 점이 그나마 다행이다. 비전문가이기에, 게다가 어딘지 모르게 예술과는 동떨어져 생활할 것 같은 공학자이기에, 좀 부족한 점이 있어도 변명을 할 수 있을 것 같아서다. 그 책은 공학자의 시각으로 보고, 느끼고, 생각한 예술 작품들에 대한 감상을 융합적 측면에서 '붓 가는 대로' 쓴 글들로 이루어져 있다. 부족함이 크겠지만, 독자들에게 예술이라는 고품격의 교양 지식을 융합적 시각으로 익히는 데 조금이라도 도움을 줄 수 있었으면 하는 바람으로 책을 썼다.

예술의 융합 강의 자료를 준비하면서, 또한 그 책을 집필할 동안 우리 대학교 도서관 서고를 들락거리면서, 각 예술 장르를 다룬 좋은 책들이 셀 수도 없이 많이 출판되어 있음을 알게 되었다. 그 책은 단지 나의 문화적 입맛에 맞는 책들만 골라 읽은 뒤, 나름대로 책의 편집 방향에 맞게 재구성하고 내 마음 가는 대로 집필하였기에, 무언가 모를 지적 배고픔을 느낄 독자들이 적지 않을 것이다. 내 책에서 채 얻지 못한 부족한 정보들은, 독자들 나름대로 관련 도서들을 찾아 널리 읽어야 할 것이다. 내 책은 **예술의 융합**에 관한 길라잡이에 불과할 뿐이기 때문이다.

음악, 미술, 문학, 영화, 연극 할 것 없이 다양한 예술 분야에서 이름을 남긴 예술가들을 공부하면서 그들의 열정, 예술혼, 인간 정신의 승리 등에 대해 많은 것을 보고 배웠다. 제한된 지면 때문이기도 하지만, 나의 지식이 부족해 책에서 다룬 것보다 채 언급되지 못한 예술가와 예술 작품들이 훨씬 더 많을 것이다. 책을 집필하면서, 적지 않은 예술가들이 주위 환경, 가난, 질병 등으로 육체적, 정신적 고통을 겪었으면서도, 위대한 예술혼으로 인류의 역사에 이름을 남긴 탁월한 예술 작품을 탄생시켰음을 알게 되었다.

책을 쓰면서 후대에 위대한 예술 작품들을 유산으로 물려준 예술가들에게 더욱 깊은 감사와 존경의 마음을 갖게 되었음을 고백하지 않을 수 없다. 나아가 이미 세상을 떠난 예술가들은 물론이고, 오늘 이 시간에 어느 곳에서든 다양한 예술 분야에서 각자의 자리를 지키며 치열하게 살아가는 모든 예술가에게 대한 존경심이 더욱 커졌다.

아인슈타인과 보로딘

역사적으로 이름을 남긴 유명 과학자들 중에 유달리 음악을 사랑한 과학자들이 적지 않다. 아마도 과학 활동을 하면서 틈틈이 취미 생활로 음악 활동을 하면서, 연구 활동으로 인한 피로도 풀고, 연구 성과로 말미암은 긴장, 곧 스트레스도 풀곤 했을 것이다. 과학 분야에서 성공을 거두었으면서 음악 분야로도 이름을 남긴 두 명의 과학자는 특기할 만하다.

알버트 아인슈타인은 누구나 알고 있는 유명한 과학자이다. 인터넷에서 아인슈타인 이름을 검색하면, 혀를 쏙 내밀고 앞쪽을 쳐다보고 있는 익살스러운 그의 모습이 눈길을 끈다. 그다음으로 많이 보이는 이미지는 바이올린을 연주하는 모습이다. 자신이 만약 "물리학자가 아니었다면 바이올리니스트가 되었을 것"이라고 말할 정도로 바이올린 연주를 좋아했다. 또 대단한 연주 실력을 지닌 것으로 알려져 있다. 아인슈타인은 세계 곳곳 어디에서 개최된 학회에 참석하거나 초청 강연할 때도, 항상 바이올린을 들고 다녔다고 한다. "연구 틈틈이 자주 음악을 생각한다."고 말할 정도였다. 심지어 "매일 음악 안에서 꿈꾸며 살아간다."고 고백한 적도 있다.

그렇게 아인슈타인이 음악을 사랑한 배경엔 피아니스트였던 어머니가 있다. 여섯 살 때부터 아들에게 바이올린을 가르쳤다. 그러다 보니 열세 살쯤엔 모차르트 작곡의 바이올린 소나타 대부분을 연주할 수 있을 정도의 실력을 갖추었다고 한다. 바이올린뿐만 아니라 어머니의 피를 물려받은 만큼 피아노도 잘 쳤다고 한다. 세계적으로 유명한 과학자였지만, 자신 집에 초대된 손님들 앞에서 바이올린을 연주하는 것을 좋아했다. 그때는 과학자 아인슈타인이 아니라 영락없이 바이올린 연주자 아인슈타인의 모습이었다.

유명한 과학자였지만 저명한 음악가 친구들도 적지 않았다. 피아니스트였던 아르투르 루빈스타인을 비롯해 첼리스트였던 그레고르 피아티고르스키, 역시 바이올리니스트였던 브로니슬라프 후베르만 등과 친하게 지내면서 그들과 실내악 연주도 즐기곤 했다.

아인슈타인에겐 음악은 쉬어가는 시간이 아니었던가 보다. 그의 연구 활동에 음악 활동이 큰 도움이 되어 주었을 것이다. 세계 과학계를 뒤흔든 상대성 이론도 음악적 영감으로부터 시작되었다고, 자신 입으로 이야기한 적이 있을 정도이다. 이론 물리학자인 그의 머릿속에 든 음표와 악상들이 바로 그가 상대성 이론의 발견과 $E=MC^2$ 같은 유명한 물리학적 법칙을 이끌어 내는 데 큰 영향을 주었을 것이라는 사실은, 수필가이지만 본업이 공학자인 나의 경험으로 미루어 볼 때도 충분히 이해된다.

1933년에 미국 바이올리니스트 오스카는 아인슈타인을 위한 특별한 바이올린을 제작해주었다. 바이올린 몸체에 "세상에서 가장 훌륭한 과학자 아인슈타인 교수님을 위해 만들었다."는 문구를 새겼다. 지난 2018년 3월 10일 뉴욕 본햄스 옥션에서 그 바이올린이 경매에 붙여졌다. 무려 516,000달러, 곧 우리 돈으로 환산하면 약 7억 원쯤에 낙찰되었다. 5번의 경합 끝에 익명의 단체 소유가 되었다고 한다. 단순히 바이올린 한 개가 아니라 '아인슈타인의 바이올린' 가치를 인정받은 셈이다.

또 한 명의 과학자는 러시아 작곡가였던 알렉산드르 포르피리예비치 보로딘이다. 1860년 전후로 러시아를 대표

했던 민족음악 작곡가를 칭하는 5인조 그룹 중 한 명이다. 잘 알려져 있듯이 다른 4명의 음악가는 밀리 발라키레프, 모데스트 무소르그스키, 세자르 큐이, 그리고 니콜라이 림스키코르사코프이다. 보로딘은 교향시 <중앙아시아의 초원에서>와 오페라 <이고르 공> 등을 작곡하였다.

하지만 보로딘의 본래 직업은 의사이자 생화학자이다. 상트페테르부르크 대학교 의과대학에서 생화학을 가르쳤다. 보로딘은 1859년부터 1862년까지 3년간 화학자로서 독일 하이델베르크에서 박사후연구원 연구 활동을 했다. 독일에서 귀국한 이후, 발라키레프와 함께 작곡 공부를 시작하면서 본격적인 음악 활동을 시작하였다고 한다.

자신의 이름을 딴 화학 반응은 오늘날의 화학 교과서에도 실릴 정도로 유명한 업적 중 하나이다. 보로딘은 작곡가이기도 했지만, 화학 교수로도 바빴기 때문에 일요일이나 건강 때문에 화학 연구에 매진하지 못하고 휴양을 취할 때에만, 작곡에 매달릴 수 있었다. 그러다 보니 자칭타칭, '일요일의 작곡가'라 불렸다.

'일요일의 작곡가'이다 보니 다른 작곡가들에 비해서는 평생 작품 수도 많지 않다. 게다가 한 곡을 작곡하는 데도 시간이 오래 걸리다 보니, 그의 대표작 중의 하나인 <이고르 공> 같은 경우는 20년 가까이 투자했지만, 결국 미완성으로 끝났다. 그 곡은 후배 작곡가들이 완성했다.

'닭이 먼저냐 달걀이 먼저냐.' 하는 질문과 같이, '과학이 먼저이든, 음악이 먼저이든', 아인슈타인과 보로딘, 두 과학자 모두, 그들의 과학 연구 활동에 음악이 중요한 기여를 한 것은 틀림없는 사실이다. 하지만 그들은 각자 자기 분야에서 창의력을 발휘해 뛰어난 과학적 업적을 남겼다. 중요한 것은 그분들의 본연인 과학연구에 최선을 다할 때 음악 활동도 도움이 되었다는 점일 게다. 만일 그들이 자신의 본업을 내팽개친 채 음악에 좀 더 많은 시간을 할애하였다면, 글쎄? 나름대로 음악가로서 성공할 수도 있었을지도 모르겠다. 만일 그랬다면 역사에 이름을 남길 만한 과학적 업적도 가능했을까 생각하면 고개를 갸우뚱하게 된다.

과학과 음악, 두 분야에서 모두 이름을 남긴 위대한 두 과학자의 모습을 보면 상당히 부럽다는 생각이 든다. 언감생심焉敢生心! 어느 한쪽이든 고만고만한 재능밖에 가지지 못한 나로서는 감히 흉내 낼 수 없는 거인들이다. 그렇지만 그들에게 주어진 것과 같은 특별한 재능이 없다 하더라도, 나에게 주어진 조그만 재능만이라도 더 갈고닦는 노력을 게을리하지 않는다면, 오늘보다는 더 나은 내일의 나로 만들 수는 있지 않을까 하는 소망의 거울로 나를 바라본다.

아를

　아를은 프랑스 동남부 프로방스 지역에 있는 도시 이름이다. 인구 5만 명 정도의 작은 도시이다. 지중해 옆 발레아레스해 연안에 있는 지정학적 위치 덕분으로 온화한 기온과 따사로운 햇살로 휴양하기 좋은 도시이다.
　우리에겐 네덜란드 출신의 대화가, 빈센트 반 고흐가 생애 후기 머무르면서 〈해바라기〉, 〈밤의 카페〉, 〈노란 집〉 등의 유명한 작품을 그린 곳으로 잘 알려져 있다. 고흐는 어릴 적 선교사의 길을 잠시 걷기도 했다. 마음을 다잡고 화가가 되길 결심하면서, 브뤼셀과 뉘넌, 안트베르펜, 파리 등을 거치며 화가 수업을 계속했지만, 악화된 건강 때문에 휴양차 1년 3개월 동안 아를에 머물게 된다.

이곳에서 작은 2층집을 빌려 <노란 집>이란 이름으로 예술가 공동 아틀리에를 만들어 생활하면서, 또 다른 유명 화가인, 폴 고갱과 잠시 동거하기도 한다. 잘 알려져 있다시피, 고흐의 괴팍한 성질에 견디다 못한 고갱은, 3개월도 채 안 되어 고흐 곁을 떠나고, 그 충격으로 고흐는 자신의 왼쪽 귓불을 잘라 매춘부에게 건네기도 했다. 근처 생 레미의 정신병원으로 이송되기 전까지 아를에 머물면서 200편 이상의 주옥같은 작품을 남겼다. 1년 뒤 결국 오베르쉬르우아즈의 밀밭에서, 자신의 총으로 자살한 건지 아니면 동네 소년이 실수로 쏜 총알에 맞은 건지는 정확히 밝혀진 건 없지만, 총탄으로 쓰러진 이틀 만에 숨을 거두었다.

고흐는 "사람들은 그곳에서 초록색, 푸른색과 오렌지색, 짙은 노랑색과 보라색의 아름다운 대조를 자연에서 발견할 수 있다."라고 할 만큼 아를을 사랑했다. 때문에, '아를' 하면 가장 먼저 고흐가 떠오르지만, 사실 '아를'이라는 지명은, 예술의 융합을 보여 주는 가장 전형적인 지명이 아닌가 한다. 이탈리아 작곡가 조르주 비제의 <아를의 여인> 모음곡 덕분임은 물론이다. 주지하다시피 비제는 <진주 조개잡이>, <카르멘> 등의 오페라 작곡가로 유명하다.

<아를의 여인> 모음곡 중 우리 귀에 가장 익은 곡은 제2모음곡 중의 <미뉴에트>이다. 미뉴에트는, 17~18세기 유럽

에서 유행한 춤곡으로 프랑스에선 우아한 3박자의 춤곡으로, 보통 3부 형식으로 되어 있다. 원래 비제의 오페라 <아름다운 퍼드(Perth)의 아가씨>에 나오는 미뉴에트를, 미국 출생의 프랑스 음악교사이자 작곡가인 어니스트 기로우드가 발췌해 <아를의 여인> 제2 모음곡 세 번째 곡으로 삽입하였다.

그런데 비제의 <아를의 여인> 모음곡은 원래 프랑스 작가, 알퐁스 도데의 동명 희곡 「아를의 여인」을 바탕으로 만든 오페라의 모음곡이다. 오페라보다는 모음곡이 더 많이 공연되어 왔다. 알퐁스 도데는 우리에게 「마지막 수업」과 「별」 등의 단편소설로 잘 알려진 작가이다.

학창 시절, 교과서에 수록되어 있던 도데의 두 작품을 아주 감명 깊게 감상한 적이 있다. 「별」 작품에서, 드넓은 초원에서 양떼들을 돌보는 목동 소년과 목장집 주인 딸이 밤을 지새우면서, 하늘에 떠 있는 별들에 관한 대화를 나누는 정겨운 장면이 눈에 선하다. 자신의 어깨에 기댄 채 살포시 잠이 든 주인집 따님을 바라보며 독백하는 소년의 고백은, 마치 황순원의 「소나기」처럼 학창 시절의 청춘들에게 은근한 사랑의 향기를 풍기게 했다.

"저 별들 중 가장 아름답고 반짝이는 별 하나가 길을 잃고 내 어깨에 기대 잠든 것이라고."

「별」의 마지막 문장이다. 그런가 하면 프로이센(예전의 독일)의 점령으로 이제 더 이상 프랑스어를 배울 수 없었던 학생들의 마지막 수업 시간, 〈프랑스 만세!〉라고 큰 글씨를 칠판에 쓴 선생님이, "여러분, 이것이 여러분과의 마지막 수업입니다....이것으로 끝입니다...모두 돌아가세요."라는 마지막 문장을 읽을 때는, 일제강점기를 지낸 우리 민족의 애환을 보는 것 같아 가슴 아팠던 추억이 새롭다.

아무튼 「마지막 수업」과 「별」의 작가, 도데가 쓴 「아를의 여인」 또한, 아를이라는 지명과는 떼려야 뗄 수 없는 문학 작품이다. 아를 인근 카마그르에 사는 청년 프레데리의 이야기이다. 그는 아를의 투우장에서 한 여인을 보고 사랑에 빠진다. 하지만 부모의 반대로 어린 시절 친구였던 비베트와 약혼하게 된다. 결혼식 전날 밤, 축하 잔치에 초대받아 온 아를의 여인이 춤추는 장면을 보고, 사랑하던 여인을 생각하며 투신자살하고 만다는 안타까운 비극 작품이다.

비제의 〈아를의 여인〉 모음곡, 특히 그 아를의 여인이 춤출 때 등장하는 것으로 생각되는 〈미뉴에트〉를 들을 때마다, 아름다운 선율 저 너머 끝내 자신이 원하던 사랑을 이루지 못하고 죽음에 이른 프레데리의 슬픈 인생이 떠오른다.

'아를'이라는, 같은 한 장소에서 위대한 화가 고흐는 역사에 이름을 남길 명작들을 그려내었다. 자신의 예술혼을 불태운 곳이기도 했지만, 결론적으로는 고갱과의 갈등 등을 포함하여 정신적 갈등을 이겨내지 못하고, 정신병원으로 이송되고, 결국은 죽음을 맞이한, 안타까운 자취가 남은 곳이다. 그런가 하면 알퐁스 도데의 「아를의 여인」에 나오는 주인공 역시, 같은 곳에서 사랑을 만났지만, 사랑을 이루지 못하고 끝내 죽음을 맞이한 비운의 장소이기도 하다.

그나마 비제가 남긴 아름다운 음악으로 '아를'에게서 위안을 받게 되어 다행이란 생각이 든다. 아를은, 유네스코 세계문화유산으로 등재된 고대 로마의 유적들이 곳곳에 남겨져 있는 곳으로도 유명한 곳이다. 언제 아를을 방문해, 로마 제국 시대의 원형 경기장과 로마네스크 건축물들을 볼 수 있을까?

언젠가 아를을 방문할 기회가 닿는다면, 고흐가 자주 다녔던 카페에서 비제의 〈아를의 여인〉 중 미뉴에트를 들으며, 뜨거운 한 잔의 커피를 마시고 싶다. 그러면서 알퐁스 도데의 「별」을 다시 읽으면 느낌이 새로울 것 같다.

꿈 그리고 꿈...

주상절리 모양의 큰 바위 하나가 덩그러니 한가운데 놓여 있다. 에메랄드색 물이 예쁘게 둘러싸고 있다. 분수같이 조그만 그 호숫가를 걸어간다. 어젯밤 꿈 이야기이다. 요의尿意를 느껴 자다가 깨기 전엔, 예외 없이 물이 나오는 꿈을 꾼다. 길이나 물건을 잃어버릴 때도 있고, 귀갓길 환승 버스를 놓치거나, (특히 해외여행 중에) 무슨 행정 절차가 순조롭게 이루어지지 않는다. 그러다 갑자기 갯가나 강, 바다, 아니면 호숫가 둘레를 무엇에 쫓기듯 허둥지둥 걸어가는 꿈을 꾼다.

숙면에 들지 못하는 밤이 대부분이다. 숙면이 안 되기에 꿈을 자주 꾼다. 잠자리에서 일어나면, 기억할 수 없는 꿈들이 대부분이다. 그럼에도 그렇지 않은 꿈이 있다. 박사 학위 과정 중의 수업 꿈이다. 내가 자주 꾸게 되는 그 꿈이 내 삶에 어떻게 관련이 되고, 내 생활에 무슨 의미를 지니는 것일까 하고 자주 생각한다. 자리에서 일어났을 때 지난밤의 꿈을 회상하면서, 내 능력으로는 해석되지 않는 그런 꿈들이 왜 뜬금없이 밤만 되면 가끔 찾아오는 것일까 궁금할 때가 많다.

박사학위를 받기 위해서는 졸업 논문의 심사 통과는 말할 것도 없고, 그 전에 학위과정이 요구하는 최소한의 필수 이수 학점을 취득해야 한다. 꿈속에서는 항상 국어 시간과 수학 시간이 중첩된다. 각각 다른 시간, 다른 강의실에서 있는 수업 시간임에도 국어 시간엔 참석하는데, 수학 시간은 수업에 불참한다. 꿈속에서도 수학 수업에 꼭 출석해야 졸업이 가능할 텐데 걱정하며 안절부절못한다. 특히 어려운 문제들로 가득한 교과 내용을 이해하지 못해 시험에 대해 걱정하고, 수업에 결석함으로써 시험 범위가 어디인지도 몰라 걱정한다. 꿈 이야기이다.

위 꿈과는 조금 다른 꿈이지만, 이미 대학원을 졸업한 내가 대학수학능력시험을 다시 준비하는데 아직 하지 않은 공부가 너무 많다. 헌책방을 뒤지면서 단기간에 속성으로 시험에 필요한 내용을 학습할 수 있는 문제집을 찾아 헤매는 꿈이다. 물론 꿈속에서도 걱정하면서 찾는 문제집은 수학 문제집이다. 다른 교과목의 학습은 대충 준비를 마친 것 같은데, 수학은 전혀 준비되어 있지 않다. 그런 걱정을 하다가 어느새 잠이 깨어 아침을 맞을 때가 한두 번이 아니다.

같은 꿈은 아니지만, 두 꿈에 공통되는 내용은 수학 과목을 공부해야 하는데 그 준비가 덜 된 데 대한 초조감이다. 현실의 나는 엄연히 수학을 주요 도구로 하는 공과대학을 졸업하고, 대학원에서도 모든 필요 학점을 정상적으로 이수하고, 학위논문도 통과해 박사학위를 취득하고, 공과대학 교수로 40년 남짓 재직하였다. 이미 과정을 모두 마쳤음에도, 꿈에서는 대학입시나 대학원 졸업에 필요한 과목 이수가 덜 되어 학위를 받을 수 있을까 하는 걱정을 한다.

며칠 전에도 위에 서술한 내용과 유사한 꿈을 꾸었다. 이미 공과대학 교수 자리에서 정년 퇴임한 지 3년이 지난 시점임에도 불구하고 수학 수업에 많이 빠져 시험 범위를 알 수 없어 걱정하고, 그로써 학위를 받지 못하면 어쩌지 걱정하다가 깨어나고 보니 꿈이었다.

잠자리에서 일어나면, 최근 며칠 동안 내 삶에서 특이한 경험이나 깊은 인상을 받은 어떤 사건이 있었는지 되돌아본다. 아니면 앞으로 내가 해야 할 어떤 일이 미완성으로 남은 채 시간을 끌며 초조해하거나 걱정하고 있는 일은 없는지 살핀다. 딱히 인상적인 기억이 떠오르지 않을 때가 대부분이다.

그러니 어떤 일이, 어떤 체험이, 내가 꾼 꿈과 관련되는지 도무지 이해할 수 없다. 공대 교수로 재직하면서 수필가로 활동해 온 지난 모든 삶이 이 꿈에 용해되어 있는 것일까? 그렇다면 정년 퇴임 후 공과대학 교수로서의 연구 활동이 아닌, **예술의 융합** 강연이나 수필 작가 활동을 활발히 하고 있는 현재도, 수학으로 걱정하며 꾸는 그 꿈은 어떤 의미를 지니는 것일까? 꿈과 현실 사이의 연결 고리를 찾을 수가 없다.

청소년 이후 최근에 이르기까지 수십 년 동안, 하고 많은 꿈 중에서도 왜 수학 시험 때문에, 수학 수업 때문에 불안해하는 꿈을 자주 꾸는지를 잘 모르겠다. 과거를 되돌아보면 실제 수학은 내가 잘하지 못한 과목이긴 했었지만, 그렇다고 수학 때문에 고민하거나 걱정해 본 적은 단 한 번도 없었다. 그럼에도 그렇게 자주 꾸는 꿈속에서 왜 수학 때문에 걱정하는 것일까? 도무지 이해되지 않는다. 어쩌면 고등학교 시절, 수학 공부를 제대로 한 적이 한 번도 없었던 과거에 대한 무의식 속의 아쉬움이 나의 꿈속에서 반복적으로 나타나고 있는 것일까? 내로라하는 이공계 대학원을 졸업하고, 공대 교수로 40년을 보낸 사람이 고등학교 시절, 수학 공부를 제대로 한 적이 단 한 번도 없었다는 사실을 알게 되면 내 꿈을 풀이해 줄 수 있을까? 만일 고등학교 시절 맘먹고 수학 공부를 했으면, 지금의 나와는 다른 길을 걸었을 것이라는 생각이 잠재의식 속에 살아 움직이고 있는 것일까? 알 수 없다.

적성이 무엇에 맞는지도 모른 채 집안의 권유로 고등학교 때 이과를 선택하고, 그로 인해 평생 공학도, 공학자의 길을 걸어왔다. 그럼에도 문학적 DNA는 간직하고 있었나 보다. 고등학교 때엔 문예반 활동을 했고, 대학과 대학원에선 신문 기자나 교지 편집 위원으로 활동했다. 그렇다고 문학에 대해 아는 것도 없었고, 책을 많이 읽은 것도 아니었다. 아무튼 그렇게 성장해 왔으니, 평생 내 마음속엔 알게 모르게 국어와 수학으로 대변되는, 문학과 공학 사이에서 끊임없는 갈등이 존재하였을지도 모르겠다. 아마 이런 갈등이 평생 밤마다 꿈의 형태로 나를 자주 찾아오는 것인지도 모르겠다.

18세기 말엽, 스위스 태생 오스트리아의 고전주의 화가인 앙겔리카 카우프만은, 자신이 가진 음악가적 재능과 화가로서의 재능 사이에서 무척 갈등을 겪었다고 한다. 그녀가 그린 그림 중엔, 〈음악과 미술 사이에서 방황하는 자화상〉이란 그림이 있다. 어릴 적 오페라 가수를 꿈꾸기도 했던 그녀는 성인이 되어서는 화가로서 큰 명성을 얻었다. 50대에 들어 그린 그녀의 그 작품을 보면, 여전히 소녀 시절 꿈꾸었던 음악가의 길에 대한 미련을 버리지 못하는 모습이 그려져 있다.

　그 그림을 볼 때마다, 카우프만도 나처럼 음악가와 화가 사이에서 방황하는 꿈을 자주 꾸지 않았을까 하는 생각이 든다. 내 꿈이 평생을 이어 온 문학과 공학 사이에서의 갈등과 관련된 것일지도 모른다고 생각해 보지만, 정확하게는 알 수 없다. 지그문트 프로이트와 같은 정신분석학자가 아니다 보니 꿈을 해석할 능력이 없다. 누군가 이 글을 읽고 속 시원히 해몽해 주었으면 좋겠다.